蔡康永的情商課3

你願意，人生就會值得

蔡康永——著

康永的序

你上一次因為自己開心而笑出來，是什麼時候的事？不是因為看了有人撞到頭的影片才笑、不是因為聽到別人精心準備的笑話才笑，而是那種因為自己開心，就笑出來的笑？

我們有多久沒有想過：做哪些事會令我們開心、會令我們感受到：原來此刻我們正在生活？

如果你最近才剛那樣笑過，最近才剛明確的感覺到「這樣活著挺有意思的」，那我真心的恭喜你，你是一個善待自己的人。

你沒有瞧不起你的感受，你沒有冷落你的心。

✦✦✦

人生不是不能依靠別人，只是別人太不可靠了。

我覺得搞定自己要容易得多、可靠得多、也值得得多。

太多人活得太費力了。我想為大家、包括我自己，找到比較省力、又能活得更舒服、也更滿足的方法。

所以我寫了這本書。

一邊寫，一邊讀，一邊覺得：這樣活著挺有意思的。

contents

有什麼好不願意的呢？

懶很好

輕輕揉捏成習慣

跟自己，一切好商量

別當回事，然後自在

有什麼
好不願意的呢？

1. 你沒做過，你就不知那是什麼滋味

——先笑，然後感到快樂。先搬重物，然後感到有力量。先用力的活，然後愛自己的人生。

✦

正在觀賞湖景，卻下雨了。

幸好此時旁邊伸來一隻纖纖玉手，手上撐了一把大傘，使我暫時免於被雨淋到濕透。

我抬眼一看，來人正是《白蛇傳》的白素貞白娘子。

「白娘子，你為什麼要變成人類呀？」我問。

「康永，你未吃麻辣鍋之前，知道麻辣鍋是什麼滋味嗎？」白娘子問。

我想了一下，別說是麻辣鍋了，不喝咖啡之前，不知咖啡滋味；不吃皮蛋之前，不知皮蛋滋味，每樣東西未吃之前，都不知其滋味呀。

「我不可能憑空想像出麻是什麼滋味、辣是什麼滋味、鍋又是什麼滋味。」我說：「白娘子，未吃麻辣鍋之前，無從知道其滋味。」

「康永，我不做做看人類，從何而知做人類是什麼滋味呢？」白娘子說。

人類喜歡生活有道理，有道理才能照章行事，確保自己能好好活下去。動物就不會幻想生活有道理，因為其實沒有道理。工蜂出生後就一直做工，蝸牛好好走著就被車輪壓扁，這能有什麼道理？

但人類需要道理，不然大伙兒相處不了，她說你的房子是她的，你說她的丈夫是你的，這樣怎麼相處得了？只好試著講道理。

所有道理之中，最討人喜歡的是：「因為這樣，所以那樣。」

因為你不研究，所以股票賠錢。

因為你不愛我，所以我去外遇。

但這道理當然經不起推敲的。股票賠錢有複雜的原因，外遇也有複雜的原因，但算了，講道理只是講個心安，不然日子過不下去。

相對來說，白娘子講的，比較真實～

你沒做過，你就不知那是什麼滋味。

很多人愛信「因為，所以」，希望情商也能順著這個路子走～

因為小時候遭遇到了那件事，所以長大以後一直快樂不起來。
因為是在單親家庭長大，所以自己也不敢結婚。
因為悲傷，所以哭了。
以上這些「因為，所以」，**有時候是真的，但也有很多時候不是真的。**
心情當然會產生行為，但反過來，行為也可以產生心情。

先用力的活，然後愛自己的人生

電影《鐵達尼號》，相戀的二人在船頭相擁，男生對天空大喊：「我就是世界的王！」
他當然不是世界的王，他在相擁的那刻也不是，電影結束的時候更不是。
但站在那樣的船頭上，襯著那樣的天、擁著那樣的愛，誰會不覺得自己是世界的王？
我們有時候不用特別去等那個狀態，好去做那件事。
可以反過來：我們去做那件事，然後我們就會有那個狀態。
先笑，然後感到快樂。
先搬重物，然後感到有力量。
先用力的活，然後愛自己的人生。

聽說白蛇後來鬥法輸了，被壓在雷峰塔底下，還要靠兒子完全不相干的考了個什麼狀元，才把老媽從塔底救出來。

拜託，白蛇哪有輸？白蛇根本贏到不行好嗎？

她照她的目標，當到了人類，嘗到了人類的愛與背叛，轟轟烈烈的為了愛拚盡全力。再怎麼精彩的人生，也不過如此了。

白蛇一生有哭的時候，有笑的時候，有嘆息的時候，有眼睛發光、熱血沸騰的時候。

不必老是要先進入狀況，才帶動我們去做什麼，我們活著，就是會去做這個又做那個，然後感受那些行為帶給我們的心情。

因為想要成功，而用盡全力的去做事，這是常見的勵志故事。

因為用盡全力的去做事，而感覺到了成功，這是我相信的勵志故事。

你願意，人生就會值得。

2.

「方便」是拿來評鑑電器用品的，別拿來評鑑生活

——要怎麼才有機會體會到此刻自己活著？把「做到的程度」，當成萬事的尺度，會是一個很好的開始。

✦

掃地機器人，掃得夠乾淨嗎？

你問大部分使用掃地機器人的用戶，他們應該都是一樣的回答：

「不到令人滿意的乾淨，但有掃總是比沒掃要好一些。」

別意外，我們對待掃地機的態度，就應該是我們對自己的態度：

「雖然看起來是只做了這麼一點點，但總是比沒做要好啊。」

我每次一這樣想，就會立刻從嫌棄自己，轉而給自己比讚呢。

「有做就是比沒做好」，這麼簡單的基本態度，很可惜的，為什麼老是被忘記呢？

我相信是從小在學校考試那個聖旨般的「六十分才及格」的規定所造成的。

考試考了五十三分的，很少能夠享受稱讚，明明已經比考三十五分的同學還多了十八分，但這十八分不算，因為五十三分不及格。

九十八分的，比八十分的，多了十八分，這樣就會被稱讚；五十三分的，比三十五分的，多了十八分，這樣就不算。

六十分才及格，這規定有什麼道理嗎？

沒什麼道理，就是把一百分除以二，中間是五十分，那就比中間值再多一點好了，「起碼要打敗一半以上的人吧」，應該就是這樣定出來的。

沒什麼道理的規定，卻成了學生生涯的大事。怎樣都要爬上六十分的浮木，爬不上的話，考來的那些分數就都當成沒有，該留級就留級、該退學就退學。

於是，「及格」這麼一個沒什麼道理的觀念，就此留在我們的人生，成為我們衡量自己的尺度。

不要把自己當成一個數字，不要管自己及不及格

古代希臘的哲學家說過一句很神氣的話：「人是萬物的尺度。」

雖然很神氣，但不是很確定他要講什麼。馬虎一點來看這句話，大概就是說「所有東

西，都要根據它們對人的意義，而得到定位」。

囂張，但可以接受。

因為，一旦超越了對人的意義，人就懵了。會不知道怎麼看待這個事物。

比方說，宇宙。

宇宙太超越了。人根本沒法衡量宇宙，科學家跟我們說宇宙無限大，我們更懵，什麼是無限？我們再怎麼想，都想不出來。

人類是有限的。我們的尺寸有限，壽命也有限，我們玩不來無限那一套。

所以呢，「人是萬物的尺度」這話，是吹牛。

起碼人就不可能是宇宙的尺度。宇宙完全不鳥人類，說不鳥還是太抬舉我們自己了。宇宙應該根本沒察覺過有人類這玩意兒。宇宙就是宇宙，不關你人類的事。

是啦，我們很有限，就算活到九十歲，折合天數，也才三萬多天。

如果你戶頭裡存有三萬多元，你一定覺得很經不起花，一不小心三萬多元就花完了。

確實，零歲到九十歲，三萬多天，也是一不小心就花完了。

有限的我們，無法理會無限的宇宙，相對的，我們只想處理有限生命能處理的萬事萬物，感覺能算得清楚的東西，我們就充滿興趣。

比方說，金錢；比方說，分數。

回想一下，我們多常使用「及格」這個標準，來衡量別人、衡量自己。

快別吹牛「人是萬物的尺度」了，根本是「及格不及格，是所有人的尺度」。

悲慘吧，在學校就被莫名其妙的及格制罩在頭頂。離開學校了，及格不及格的陰影，依然時時懸在頭上。

及格制當然很方便，但當我們要回歸自身，要把自己當人看的時候，我們最好對所有方便的東西保持警覺。

及格制是為了管理方便，各種統計數據也是為了管理方便。

活在此時此地，沒可能不被當成一個數字：我是年收入多少的人、我是幾歲的人、我是幾歲年收入多少還沒結婚或還沒離婚的人……

別人管理我們，是需要方便，這樣管理才有效率。

但如果是我們管理自己，千萬別貪圖方便。

不要把自己當成一個數字，不要管自己及不及格。

✦接受矛盾的自己，才能把日子過好

如果你一直理所當然的信賴著「及格制」，那請試著告訴我，人生的及格標準是什麼？及格的爸媽是怎樣的？我們的爸媽及格了嗎？及格的小孩是怎樣的？我們的小孩及格了嗎？及格的人生是怎樣的？我們及格了嗎？

大部分人心中模模糊糊的想到「及格」這個標準時，跟著來的形容詞，也都非常模糊～「這也太不像樣了吧。」「這太離譜啦。」「這樣不能接受哦。」什麼是「樣」？什麼是「譜」？所謂「接受」，是要誰接受？真要追問，其實都說不上來。

而這說不上來的模糊標準，卻能逼得一些人自認不及格，然後羞愧到躲起來不想見人，甚至去跳樓。

人是很矛盾的。因為我們有動物的身體、又有神鬼的心。我們能要的，跟我們想要的，根本就是自相矛盾的。

我們一定要吃，但我們又不想胖。
我們喜歡看好看的裸體，但我們又設計很多好看的衣服。
我們一定要跟別人打交道，但我們又不喜歡跟人打交道。
我們一定會死，但我們又不想死。

我們就是從腳趾尖一路矛盾到天靈蓋的物種，如果連這點都認不清，就不用想把日子過好。

接受矛盾的自己，不再為了省事而只想要「方便」的去面對人生。矛盾就是會麻煩、矛盾就是需要耐心，怎麼可能追求方便？

建立對「程度」的信心，就不會再一直為「是否及格」焦慮

一旦拋開了及格制，那要用什麼來當成衡量的尺度呢？用「程度」。

考了三十五分，就是有三十五分的程度；再從三十五分考到了五十三分，那就是又增加了十八分的程度。

如果能建立對「程度」的信心，就不會再一直為「是否及格」焦慮，不會再執著於「完

成」目標，不會再執著於「抵達」終點。

我主持過很多個訪談節目，我從來沒有一秒鐘，想過我自己是不是一個「及格」的主持人？也從來沒有一秒鐘想過我的主持工作要怎麼「完成」？到哪才是主持工作的「終點」？

我主持的最真心的想法，就是：如果時間可以的話，讓我再多問一個問題。哪怕是很瑣碎的問題，哪怕是很蠢的問題，每多問一題，就是多鬆了一塊土、多叩了一下門。

上過我節目的人，至少也超過一萬人。我主持到現在，仍然不知道問到哪一題時，來賓會忽然變得特別吸引人，特別有光芒。

對比我剛開始做主持人的時候，我現在能做的事，仍然一樣。如果時間可以的話，再多問一個問題，也許對方就更立體，也許就更多知道了一件有意思的事。多問一題，就有一題的程度的不同。

把「做到的程度」，當成萬事的尺度

能做的只有這樣，做了些細小微弱的事，談不上及格，談不上完成，但如果你願意以做到的「程度」去看，就跟掃地機一樣，比起沒做的時候，做了一定會有所不同。

用「程度」去當萬事的尺度就好。

別人可以舉重一個銅鼎，你不是別人，你舉一張竹凳，已經比你沒舉的時候，有了不同程度的肌肉。

別人一天看兩本書，你不是別人，你一次在手機上能看完一段文章，已經比你沒看的時候，吸收了不同程度的資訊。

能在乎「程度」的不同，就能大大增加「體會現在」的樂趣。

大部分的人，包括大多時候的我自己，常常忽略現在，花太多心思在過去，花太多心思在未來。

要怎麼才有機會體會到此刻自己活著？把「做到的程度」，當成萬事的尺度，會是一個很好的開始。

如果你本來不太看書，卻因緣際會莫名奇妙的忽然看到了我寫的這句話，而且好奇下一句是什麼，那麼，你就已經比沒看到的時候，又抵達了不同的程度囉。

3. 如果你知道得少一點，很可能你已經做到了

——做了才會發現，以前的排斥都沒根據，都是自己多想的。

✦

「那天我幫包大人擦桌子，擦著擦著，我看左右無人，就好奇心起，想坐坐看包大人的座位，過個乾癮。」平常幫包公包大人擦桌子的書僮跟我說。

「結果呢？」

「結果我一坐上去，哇！不得了，立刻頭暈得要吐，根本坐不住，趕緊屁滾尿流的跑走了。」書僮說。

「啊，有這種事？」

「是啊，大家都說包大人乃是天上文曲星轉世，他坐的座位，豈是我們一般人坐得的？」書僮說。

於是我指了指倉庫的一把破椅子，請這位書僮去坐坐看。書僮依言坐上去，坐得好好

的，還蹺起了二郎腿，只是椅子滿是灰塵，書僮不免打了好幾個噴嚏。

「這把椅子倒是好坐，只是太舊了。」書僮說。

「其實就是上禮拜放在戲台上那把包公包大人坐的椅子，只是把披在椅子上的繡龍椅披拿掉了。」我說。

書僮先是一楞，然後笑了。

「原來就是這麼把破椅子。」他說。

如果你知道得少一點，很可能你已經做到了。

書僮知道是包公的座椅，什麼文曲星虎頭鍘日判陽夜斷陰亂七八糟一卡車唬人的玩意兒就同時撲面而來。

書僮如果不知道那是包公的座椅，他就坐得好好的，不頭暈、不吐、不覺得自己不配坐。

你要帶小孩去打針，如果一再跟小孩描述針是怎麼刺進皮肉，小孩當然怕；但如果讓小孩知道打這針是必要的，小孩也就好好把這針給打了。

慌張的人就算有玻璃幫忙擋著，看到蟑螂朝自己飛來，還是會尖叫逃開。

而鎮定一點的人，雖然對蟑螂還是噁心，但知道有玻璃擋著，應該可以不尖叫逃走，而是觀察情況再決定下一步。

不管怎樣先逃再說，還是覺得凡事不妨一試？試著別讓先入為主的念頭阻擋我們，因為此刻所做的選擇，會影響大腦替我們搜集資訊的方向。

✦丟來的不管是糖果還是飛刀，杏仁核一律叫你閃躲

對於很多事物，我們會先有反應，然後才去了解狀況。**了解狀況之後，可能會發現先前的反應很不必要，或很不正確，但太遲了，我們已然不經思考的做出了反應，該得罪的得罪了，該錯過的也錯過了，都只是因為我們的反應並不是基於對當下實際狀況的判斷，而是基於本能，基於過去的印象，基於道聽塗說來的觀念。**

神經科學家勒杜 Joseph LeDoux 解釋過這件事：眼睛得到了一個訊息，會立刻把這訊息告訴大腦的兩個單位，雖然是同時告訴，但因為眼睛跟這兩個單位的距離不同，距離短的單位、當然會先收到訊息，做出反應，等到反應過了，距離比較遠的那個單位才收到訊息，加以判斷，看看該做什麼事。不過等到這時，距離近的單位，已經反應過了。

也就是說，眼睛看到蟑螂，你就先尖叫逃開了，然後才想到中間其實隔著玻璃，不必逃。

距離眼睛比較近的是杏仁核，杏仁核快速、機警、但沒空搞清楚狀況，所以對方朝你丟來的不管是糖果還是飛刀，杏仁核一律先叫你閃躲。

杏仁核以保護身體為唯一原則，寧可少吃一顆糖，不能沒事挨一刀。

距離比較遠的，是感覺皮質。感覺皮質收到眼睛傳送來的訊息之後，會加以分析。有些人先不做反應，就是在等感覺皮質分析完之後，通知身體做出比較恰當的反應。

越原始的環境，越依賴杏仁核，眼角瞥到晃一下的到底是樹枝還是蛇？管它的，先閃開再說，結果一閃就滑跤就摔下了懸崖，那是杏仁核管不到的事。

環境比較不原始之後，遇蛇的機率大大降低，走在懸崖邊的機率也降低，那就比較有餘裕先忽略杏仁核的警告，等感覺皮質的報告。這樣相對就鎮定多了。

電影裡有恐怖分子從高處開槍掃射時，聽到槍聲驚慌亂跑的，往往中槍，而深呼吸找掩蔽物躲起來的，比較有空觀察環境，找出安全的逃生路徑。

我自己還在練習中，看到蟑螂可以不尖叫不逃了，會看環境再想辦法消滅之，但當然仍無法伸手抓住再捏爆。

做就對了，做了才會發現，以前的排斥都沒根據，都是自己多想的。

✦叫你去游泳，又不是要你潛入馬里亞納海溝

我有朋友不游泳，一心堅信人是陸地動物，不可能在水裡還能活，結果醫生下指令，要她游泳，她第一堂課碰到水，教練就叫她把自己當死屍，動都不動的在水面漂，漂了一堂課，她確認了水也就只是水，不必把跟水有關的各種知識、組成分子、海嘯畫面，都一股腦的聯想成一體。

只是要在水裡游泳，又不是要潛到馬里亞納海溝裡。

一步一步的來，只想在現在這個狀況下，要如何選擇。不用把所有相關資訊都同時扛在肩上，那樣就叫「想太多」。

不少條件出色讓人感覺不好追的人，好好跟她要求認識，正常的講話，好好的在聊天中揭露自己的價值觀，一步一步的，往往就能成功的開始交往，根本不算難追。

但有些人裝了一腦子多餘的聯想，把出色的人想成「冰山美人」「輕蔑萬物的魔女」「嬌貴的公主」「閱人無數的愛情老手」，然後就完全沒辦法在對方面前正常的表現，言行失去

自信，這樣對方當然退避三舍，惡性循環，斷了自己跟美人的緣分。

杏仁核是好東西，幫助人類逃過了千災萬難。我們要重視杏仁核的意見，但不要一味的被杏仁核控制，耽誤了各種了解自己能力的機會。

4. 你不需要了不起的故事，你只需要你的故事

人生不需要豪華的大事，只需要你的事。

✦

我坐在公園看書，走過來一個人，在我旁邊坐下，我一看，貌似是《西遊記》裡的人物沙悟淨。

「啊，沙和尚？」

「是，我是。」

「你在小說原著裡很神祕啊，先是由天庭被貶為妖怪，當了妖怪後又吃掉一大堆路過的高僧，還把他們的頭骨串起來當項鍊！但如果你是電視劇裡的沙和尚，我就不想跟你聊天了。」

沙和尚一愣。

「為什麼？」他問。「是因為我在電視劇裡，很沒用嗎？」

「倒不是沒用，而是沒故事，感覺是個無聊的人。豬八戒也沒用，但豬八戒起碼有故事。」我說。

「你不喜歡跟沒故事的人聊天？」沙和尚問。

「我在乎故事，故事帶給我力量。」我說。

沙和尚露出了好奇與不安的表情。

「沙和尚，我相信你本來是有故事的，寫《西遊記》的吳承恩，下筆時一定有打算給你寫些有意思的故事。」

「你怎麼知道？」沙和尚問。

「你翻到《西遊記》的開始，你從天上被貶去荒野成了妖怪時，你連續幾年吃掉好幾個跟唐僧一樣、要去取經的高僧。」

「這我的故事，我知道啊。」沙和尚說。

「然後你得到了假釋，條件是去保護唐僧，完成取經任務。你不覺得，顯然有什麼後來應該要發生在你跟唐僧之間的故事，結果沒被寫出來嗎？你是一個專殺取經僧的連環殺手，卻日夜待在史上最有名的一名取經僧的身邊，作者怎麼可能沒有打算用你來發展一段故事？」

沙和尚聽得目瞪口呆。

「那，我的故事呢？我的故事呢?!」他喊出聲。
「吳承恩那傢伙就硬是沒寫出來呀。」我說。
「怎麼會這樣?!為什麼不寫出來？」
我只能聳聳肩。
「你指望別人替你把故事寫出來，那就難免有這樣的下場。」
「我要我的故事！把我的故事還給我！」
沙和尚大吼大叫。
《西遊記》出現已經超過四百年了，作為主角之一的沙和尚，現在才想起來要大吼大叫的問：
「我的故事呢?!」

在乎意義，就得寫自己的故事

是人，都喜歡聽故事。
故事就是動物跟人在生活追求上最大的不同，因為故事給了我們意義。

人類是動物的身體、鬼神的心。那個鬼神的心，不甘於我們像野外的動物那樣，生於塵土中，又死於塵土裡。

就算會死，那鬼神的心也要求我們要留下些什麼。

我們想在死後被某些人記得，我們寫一大堆東西，拍一大堆照片放在網上，我們留下遺產給別人，就算已經死了，我們還是在墓碑上、骨灰甕上寫句話或刻個名字，供人辨認。

我們要別人記得我們。

但我們要別人記得我們什麼？

個性、才華、風格、為人處事……

最後都著落在大大小小的故事上：她曾經借錢給好友當場就把借據撕了，他們夫妻離婚又結婚三次，他在廟門口跪著硬要學武功被轟出來……

這些大大小小的事，不見得都有頭有尾，也不見得都能由其中找出什麼道理。但這些事前前後後彼此堆疊，堆疊出了一個故事。**我們這些渴求意義的人，可以在這些故事裡面，抽取我們要的元素，加以排列組合，然後編織出所謂的意義。**

這就是我們需要故事的原因：因為我們不想莫名其妙、不知所謂的飄蕩在宇宙中，我們需要意義，而故事提供了我們編造意義的材料。

如果被逼著接受活著沒有意義，我們的動物身體會老老實實的接受，所有動物都根本不知道有意義這個東西，但，我們的鬼神之心會崩潰。

火山海嘯爆發時，傷亡一堆人，不分好人壞人，不分膚色種族。這時候人就必須從故事中找意義，說人類觸怒了山神海神，神明才用災難表達憤怒與懲罰。

不編個故事，就找不出意義；不找出意義，日子就很難過下去，大家會不願再守規矩，早上缺乏逼自己起床的理由。

場面再怎麼豪華，都是別人的故事

有些人少年時徬徨，不知道自己要幹嘛；有些人一直在徬徨，一直不知道自己要幹嘛。我是有時候知道自己要幹嘛，卻也常常不知道自己要幹嘛。徬徨的時候，我會想想故事。

我正在培養我對意義的態度：我希望意義能幫到我，而不是困住我。這其實也是我對很多事情的期望，畢竟活著就是需要盡量動員各種助力吧。**當我需要意義的時候，我就相信意義，當我被意義綁住的時候，我就丟開意義不管。**

意義並不是我的敵人，我不想打敗它。我之所以努力想看穿它，只是想取得支配它的資格：我不要被意義控制，我要自由自在的跟它相處。

這是我想要有的，對意義的態度，於是也成為我對故事的態度。

我願意經歷事情，我知道時間就是生命，就是我。時間過完，生命就完，我也完。

故事跟意義要給我支撐，而不是束縛。

人很渺小，但不一定脆弱。在能力範圍之內，馴服那些本來凌駕在我們之上，看似高不可攀的東西，把它們拉低一點，拉到我們搆得著、用得上的高度。

常有人問：「我不知道我想成為什麼樣的人。」

給一個簡單的建議：「當你不在場的時候，你希望別人講什麼關於你的故事？那個故事裡出現的你，就是你希望成為的人。」

誠然，在西天取經的路上，沙和尚遇到的，都堪稱場面豪華的大事。

但，人生其實不怎麼需要那些豪華的大事。

豪華不豪華，場面大不大，都不代表我們跟這件事有關係。如果我們只是一味的去蹭那些看似輝煌的大故事，自我會消失得更徹底。

場面再怎麼豪華，那些是別人的故事。

當然，一定有人既沒有故事，也不想要故事，他們可以接受像水豚那樣終日瞌睡、像錦鯉那樣終日發呆，不在意誰會在他們背後用什麼方式提到他們。

願意那樣活的人，自然有他們的生活之道，他們大概也就用不到這本書。

這本書，不是叫人一定要起床的書，而是希望能告訴那些想起床的人，怎麼找到每天起床的理由。

「後來呢？後來怎麼樣了？」這是聽每個故事一定會問的問題。我們好奇故事怎麼發展，因為我們覺得意義就躲在那裡面。

對你自己的故事好奇，那是每天起床的唯一理由。

5. 它們是因為我才存在的，當然是它們聽我的

你想過什麼樣的生活，你的一切，
就都會收到你這張地圖、都會看到你用筆圈出來的目的地。

✦

「分手以後，一開始我當然很想念他……」熱衷於談戀愛的大瀏海護士，一邊調整我的點滴，一邊向病床上的我傾訴。

我頭暈暈，本來是聽不清的，幸好這個句型我很熟悉，一聽就知道，下一句應該是～「但後來我發現，我真正想念的不是他，而是那個跟他在一起時的我自己……」

護士調好點滴之後，給我手指夾上測血氧的夾子，然後說：「但後來我發現，我真正想念的不是他，而是那個跟他在一起時的我自己……」

這話我聽過非常多次，我相信說這話的每個人，都是真心感悟，不是在演文藝愛情劇。

「分手之後，我變得不一樣了，我不再是那個戀愛中的我了。」

不管分手後變得怎樣，不管是變比較黯沉，還是變比較勇敢，還是變比較冷酷，反正當事人自己知道有了變化。

如果你也曾經有這樣的體驗，也許你就會同意我接下來要講的這件事：**處境改變，個性就會跟著改變**。

你應該覺得這個論調沒什麼好大驚小怪的，本來處境改變，人就會變。

本來關在監牢的人、放出來以後，當然會改變；本來每頓都吃很飽的人，一旦連續餓一星期，當然會改變。

天性真是如此？

電影《寄生上流 Parasite》主角的名句：「因為有錢，所以善良。」也得到廣大的共鳴，很多人都知道自己如果變有錢了，人也就會變得不一樣。

顯然大家都同意，處境改變、狀況改變，人就會變。

那麼，個性會變，這應該可以同意吧。

奇怪的是，很多人都喜歡堅持「個性不會改變」。

最有名的那個寓言故事，講蠍子拜託青蛙載它過河的，青蛙本來不答應，說如果游到一半，蠍子用尾巴的毒刺刺一下，自己豈不是死定。蠍子當然否認說怎麼可能，這樣一刺就是大家一起死，有什麼好處？青蛙聽了有理，就載蠍子過河，游到一半，蠍子刺了蛙，蛙中毒下沉、蠍子也跟著下沉，蛙最後問了蠍一句為什麼，蠍子答因為我是蠍子，我非這麼刺一下不可，然後大家一起死。

這個蠍與蛙過河的故事，最常被拿來舉證「個性不會變」。

於是我們大家就卡在中間，有時候說「哎呀，人當然都會變的嘛」，有時候說「哎呀，人怎麼可能說變就變呢」。

嗯嗯，卡在中間，其實是對的。

我在每本情商的書裡，都不斷建議大家忘掉黑與白這兩個極端，抱著探索之心的遊蕩在廣闊又充滿彈性的灰色地帶。

人就不是蠍子，蠍子沒有目標，人有目標；蠍子沒有判斷力足以把過河列為眼前最重要的事，人卻有判斷的能力。

人何必把自己跟蠍子畫上等號，然後說自己非刺那麼一下不可？

又不是熱血漫畫裡的人物，哪至於為了講這麼一句聽起來有點酷的話，毫無必要的把自己搞到淹死？

所有把「我天性如此」抬出來當理由的，只是因為不想改變而已。是「不想改變」，不是「不能改變」。

根據你的目標，去調整你的性格

非常有影響力的線上文章發表平台Medium上面，有一位連續三年得到讀者追蹤數量冠軍的心理學家班傑明・哈迪Benjamin Hardy，在他的文章中，引用路易斯・戈德堡Lewis Goldberg在《性格與社會心理學》期刊上的論文，介紹了「把性格分成五大特質」的理論，你可以看看這五個面向的你，在目前的狀態下，呈現出什麼樣的性格～

一、你有多開放：對於嘗試新事物，你有多開放？

二、你有多嚴謹：對於想達成的目標，你有多清楚？瞄得多準？

三、你有多社交：跟別人相處時，你的活力如何？你的親密感如何？

四、你有多友善：你對別人有多友善？

五、你有多緊繃：碰到壓力時、感到負面時，你的處理能力如何？

看了這五個面向，你第一個反應一定是：這哪有一定啊？看狀況吧。

是的，看狀況。

我們呈現出什麼樣的性格，主要是看狀況而定。

戀愛中這樣、分手後那樣；沒睡飽這樣、睡飽後那樣；在死黨面前這樣、在老闆面前那樣；你養的狗在你面前大便這樣、陌生人在你面前大便那樣……

只要能同意：我們的性格不是生下來就定案、不是不能再變的，事情就好辦。

承認性格因時因地因人而異，承認性格是由各種起起伏伏、時鬆時緊的要素組合而成、是在一大片灰色草原上移來移去的，這就太夠了。

夠什麼呢？

夠我們不再把性格當成腳鐐手銬，而是把性格當成我們可以調整、可以運用、可以幫助我們達成目標的力量。

心理學家哈迪的建議是這樣的～

「你真正該做的，是根據你的目標、去調整你的性格，而不是根據你以為的性格、去調整你的目標。」

✦你的一切，都是為了你而存在的

無數人堅信不疑的大聲說出這句話：「我就是這種人！」

可以不去質疑這句話，值得質疑的，是這人為什麼要這麼大聲的說出這句話。

這人是要靠這句話，來鼓勵自己邁向一個目標，還是要靠這句話，來縱容自己逃避？

喜歡把所有責任都丟給別人的，就不必說了，他們不會對情商這件事感興趣的。

願意看這本書、願意靠自己來幫助自己的人，如果曾經誤信「性格不可能改變」，而被綁住了手腳的，祝福你在看到本篇文字時，小小的掙扎一下，也許綁了你多年的腳鐐手銬，只是紙頭畫成的，一掙扎就掙脫了。

請記住～

形成你這個人的一切，都是為了你而存在的。

你想過什麼樣的生活，這等於是一張路線圖，因為你才存在的一切，都會收到你這張路線圖，都會看到你用筆在圖上圈出來的目的地。

你的一切，包括你的性格、你的回憶、你的價值觀，都是因為你，才得以存在的，這些都應該服務你，都該成為你的帆、你的舵、你的槳、你的水手。

不是你聽它們的，
是它們聽你的。
你存在，它們才存在。它們沒有什麼好願意或不願意的，你願意就好。

6. 感受力，比意志力更實惠

期待與嚮往，也能夠帶動我們，一步一步，微小但有方向的、靠近我們想完成的目標。

✦

刈包是一種小吃，三層肉配花生粉夾在饅頭裡面吃。

刈包也是我們家狗的大名。

刈包此刻正翻身躺在沙發上呼呼大睡，怎麼叫也叫不醒。

我把肉乾拿到刈包的鼻子前晃了幾下，刈包先是略睜迷茫的眼，接下來立刻閃電般彈起，擺出準備進食的姿勢。

小狗刈包為什麼能由甜美酣睡中猛然振作而起？因為它感受到它最有興趣的東西來了！

小狗不是因為意志力而振作；它是因為嚮往的感受而振作。

馴狗的教練，在輔導我跟刈包相處時，一再提醒我作為主人要賞罰分明。教練給了我一個小小的手控響片，一按就會「喀嗒」一聲。

小狗收到主人指令之後，接下來任何微小的動作，只要是有一絲一毫是有助於完成指令的，主人就要在小狗一動的瞬間、按下響片、同時賞一小口食物。

例如，希望小狗去撿拖鞋，而拖鞋在小狗的背後。當主人下達指令「撿拖鞋」之後，小狗只要稍微轉向背後，就算得分，就按響片；或者小狗完全沒動，只是眼睛看向它背後，也算得分，當下就要按響片。

小狗聽到響片喀嗒一聲，就能吃到熱愛的零食，它發現稍轉向背後就有喀嗒聲，它一步一步的知道了主人的指令，肯定是要向背後去探索，才可能完成。

我們當然不是小狗，但我們每次收到指令之後，也是一樣的期待喀嗒聲、以及隨喀嗒聲而來的獎勵。

考試多拿一分是沒啥感覺的，但多一分之後，得到老師的稱讚或同學的羨慕，那是有感覺的。

站上磅秤，數字變小，那也是空洞的數字，沒感覺的，但減少一公斤體重之後，**得到醫生的肯定，能扣上本來扣不上的扣子，那是有感覺的。**

嚮往的力量，超越鋼鐵意志力

有些主人把食物放在小狗的鼻尖，訓練小狗眼睜睜的看到食物卻不能吃，連動都不能動，直到主人下指令說可以吃，小狗才動、才吃。

表面看起來像小狗有意志力，但事實當然是小狗期待完成指令之後，會得到它很有感覺的、滋味美好的獎賞。

我們都曾經要求自己要有意志力，要有紀律，我們也都多多少少靠著意志力，在短期之內，完成了某些困難的任務。

只是，意志力的額度有限，死命的用意志力支撐，往往最後迎來的是意志的瓦解。

意志力很難持久，意志力也很不日常。

相對的，感受是持久的，感受也很日常。

為自己建立廣泛的感受力、鼓勵自己去接觸事物、而可能進一步喜歡事物，就會有各種期待、各種嚮往。

期待與嚮往，能夠帶動我們，一步一步，微小但有方向的、靠近我們想完成的目標。

請不要誤把意志力想像成鋼鐵、不要把它想像成沒血沒淚的人才能擁有的東西。

以嚮往為基礎的行為，就能夠看起來很像意志力，很像小狗堅定的頂住鼻尖上的餅乾動也不動一下。能夠完成這個指令的力量，其實來自嚮往，嚮往的力量，超過鋼鐵意志的力量。

不用逼迫自己要像超級英雄那樣移山倒海，真正實惠的能力，是領略生活中各種報酬的能力。

如果沒有情感，理性也就無法存在

這本書非常在乎「感覺」：你對生活的感覺、你對人的感覺、你對自己的感覺。因為感覺是一切。

哈佛大學的心理學教授吉爾伯特 Daniel Gilbert 研究了一堆神經認知學之後，寫下這句話：「感覺不只重要，感覺是最重要的。」

我們習慣了二分法之後，真的很誤事，連感情與理性，都被我們分到了兩端。只要有人說他很理性，我們會自動把他想像成冷酷無情的人。

事實上，我認識的所有擅於理性分析、能夠果斷行事的人，都同時擁有豐富的感情。他們不一定是正直的，也不一定有高尚的理想，但他們絕對很有感情。

感情與理性，當然不該被分在兩端。

沒有感情的理性，什麼都做不到。

舉例來說：只用理性判斷，完全不涉及感情的話，火災時是要救你養的貓，還是救另一隻不認得的貓？面前放著養分一樣的餃子跟麵條，要吃哪一個？兩個球隊決鬥時，要幫哪隊加油？只剩理性的人，面對這些問題，根本做不出選擇。

神經科學家雷勒 Johan Lehrer 下了結論：「如果沒有情感，理性也就無法存在。」機器人會做的事，我們丟給機器人去做。我們要活機器人活不到的部分。機器人確實可以不吃不喝不交配的活千百年，但想像那樣沒有感情的壽命，你只會覺得那是懲罰、是服刑，不是生活。

讓這本書陪你一起、一點一滴地恢復對感覺的在乎，那才可能談得上「對自己好」、才可能談得上「對生活的愛」。

7. 嘗嘗用心卻仍搞砸的滋味，來排練如何面對搞砸

在承擔得起的時候，用心的搞砸一件吃得消、但仍然很傷的事，來預習未來可能承受的痛。

我面前是電影圈的大經紀人，她代理幾位很有號召力的明星。她幫旗下一位演技極強的人氣男星，接了一個很爛的劇本。

「我當然知道這個劇本很爛。他也知道。」經紀人說。

「所以，是為了賺輕鬆錢嗎？」

她狡猾的笑笑。

「錢是一定要賺的啊，康永。但是，演爛劇本並不表示工作會輕鬆哦。」

「那為什麼要接？是推不掉的人情嗎？」我問。

「他已經連著演了兩個好劇本了，他還這麼年輕，他應該用心的去演一個爛劇本看看。」

經紀人說。

「這是什麼歪理？」

「他要用心去做，可是拍出來是爛片的機率超過百分之九十九。上映的時候，票房會很爛，他會被罵，我也會被罵。」經紀人說。

「這樣有什麼好？」我問。

「他會嘗到搞砸的滋味，他會切身體會以前稱讚他的人，翻個臉就會把他罵得一文不值。他會知道演的電影不賣錢是什麼感覺，會發現朋友想安慰他又找不到恰當說法有多尷尬。」經紀人說。

「簡單的說，就是要他自討苦吃。」我說。

「嗯，不用老是想討好，人生沒那麼多好可以討。」她說。

照這位經紀人的意思，就是不要犯廉價的錯；犯廉價的錯，只會不當回事，變得吊兒郎當。

要犯用了心的錯。要體會犯錯以後，別人根本不鳥我們的努力，仍然給我們的臉色。練習著不被這種臉色嚇到，就有了膽子。

✦要冒險，也要能倖存

人生只有一次。伸頭也是一刀，縮頭也是一刀。因為沒有膽子，而一直縮著頭，吹不到人生的風、照不到人生的光，怎麼可能有活著的感覺？

不過呢，當我剛寫完以上那段話，大經紀人把頭伸過來，她看了看我寫的，忍不住提醒我～

「康永，這只是練習吹破一個氣球，在臉上炸個意思，讓他痛一痛、學一學，還可以同時讓他知道怕，可不能去玩真的炸彈。」經紀人說。

我愣了一下。

「所以，又希望他膽子變大，又希望他膽子不要太大？」我問。

「是啊。」她說：「學著拿捏、恰如其分。」

所以，在承擔得起的時候，用心的搞砸一件吃得消、但仍然很傷的事，來預習未來可能承受的痛，一方面要學乖，從此盡可能避免更大的痛發生，一方面在必須面對這麼大的痛時，準備好需要的勇氣。

不害怕終將造訪的猛虎，別招惹不必招惹的惡龍。

人生嘛，要冒險，也要能倖存。

8. 向一個人證明自己就夠了

沒有什麼全世界，
只有一個一個對你而言重要或不重要的人。

✦

「康永，我要向全世界證明我自己。」他說，眼睛放著光。

他是小提琴演奏家，剛獲得世界比賽冠軍。

「好喔。」我說。

這種很動漫的熱血時刻，多少總是要配合一下，但我提不起勁。

他看著我，挑起單邊眉毛～

「你怎麼不太熱血？」他問。

我嘆口氣，拿出手機，搜尋「當今世界最有影響力的前十人」，拿給他看。

「他們是世界最有影響力的十個人，你要向他們證明你自己嗎？」

他看了一下十人名單，想了一下。

「也許，我有一天能有機會在他們之中某一位的面前演奏，但，我沒有要向他們證明我自己……」

「怎麼說？」我問。

「因為……他們不認識我，他們對我根本沒有期望啊。」他說。

「所以，只要向對自己有期望的人，證明自己，就好了吧？」

他想了一下，點點頭。

「你不必向全世界證明自己。你只要向對你有期望的人，證明你自己。」

修正：只要向對你有期望，而且你在乎的人，去證明你自己。

剩下的人，對我們既沒有期望，我們也不在乎的那些人，跟他們共存，跟他們交涉，跟他們合作，但不必向他們證明自己。

設立目標時，不要情緒激昂就信口胡說，說完就忘，那樣會令我們對「立目標」這件事情越來越輕率，漸漸就不再能認真看待目標。

別執著於向不必要的人證明自己，那是花費不必要的心力，沒有效率，也不會帶來成就感。

不要認真想取悅全世界

如果我們有機會聽聽人在死前的心聲，幾乎沒有人在死前掛念「東西」。「我那棟房子的漏水修好了沒呀？」「我存了半年薪水才買到、卻一次都還沒用過的那個包包怎麼辦？」「放了一個禮拜的內褲，忘記洗了……」不會掛念這些東西。

掛念的，都是人。

愛的人，鬧翻了的人，不那麼愛卻相處了一輩子的人，很想念卻對不起的人。

既然一輩子都花費心力跟人打交道，當然要嚴格的篩選值得在意的人。向這些真心在意的人，證明自己就好。不然就算在想像中以為已經向全世界證明了自己，但唯獨沒有得到那一個人點頭，就還是沒辦法安心的說出那句「這一切都值得」。

但，也請記得「一念之間」的原則，如果你在意的人，無論如何不會認可你。那麼，請容許我建議：**你要做的，不是死命等待那人的認可，而是轉移你在意的對象。**

比方，你出的產品是針對青少年的，那麼青少年的認可，一定是這產品能賣的關鍵，而你在意的長輩未必能欣賞這個產品的妙處。這時候，最好就運用情商的「一念之間」，轉而由青少年的認可，來得到成就感。

無論如何，不要認真想取悅全世界。沒有全世界，只有一個一個對你而言重要或不重要的人。

請精挑細選，對人對事，都精挑細選，才不會疲於奔命，卻又覺得不值得。

9. 神經到底要粗在哪裡才值得呀

我們對生活中各種的不確定，能承受多少，
決定了我們是能大手大腳的探索人生，還是怕這怕那，以致寸步難行。

我很少遇到拳擊手，在我看過的拳擊電影裡，印象最深的是眼前這位拳王洛基Rocky，他從記憶中浮現，我恭請他坐下，並且奉上一個細瓷的茶碗，且看他有什麼要指教。

拳王手勁太大，才剛拿起茶碗來，碗就裂了。

我趕忙為拳王拭衣換碗，拳王可惜這細緻的碗就此報銷～

「區區一碗，哪經得起拳王神力。」我說。

「唉……」拳王嘆了口氣：「我這點力氣，跟生活的重拳比起來，微不足道。」

「沒想到連拳王都還嫌自己力氣小？」我說。

「康永，別看我動不動把人打暈，我輩能夠使出來的打擊力，怎麼比都比不上生活的拳頭啊。」拳王說。

聽起來平平無奇，卻是電影史上最有名的金句之一～

「活著，不是看我們有多能揍人，而是看我們有多能挨揍啊。」他說。

「是的是的，我看過《洛基：勇者無懼 Rocky BALBOA》，聽到這段話就有一直點頭……」我說。

拳王接著說～

「活著，是看我們能挨多少拳，卻依然繼續往前走。所謂的『贏』，就只有這種贏法。」

說完，拳王忍不住握緊了手，幸好這次我給他換上的茶碗是不鏽鋼的。

生命不是程式，不會凡事有答案

不是看你多能打，而是看你多能挨打。

但跟拳王講的略有不同，我想講的忍受力，不是忍受挨打的能力，而是「忍受沒答案」的能力。

心理學家為受不了不確定的程度取了名，也設計了測量表，名字叫IU，也就是「無法忍受不確定」（intolerance of uncertainty）。

為什麼心理學家這麼重視我們能不能忍受事情沒答案、能不能忍受生活的種種不確定？

因為這就是所有憂慮的源頭。

「明天考試會過嗎？」

「結了婚會不會很窒息呀？」

「我的人生就這樣子了嗎？」

沒有人給我們答案。

有些宗教會給答案，能不能安慰到你，那要看那些宗教的本事。

反正信教信得很認真的，就把憂慮都推給他們信的神明就好。信徒們是不是從此就免於憂慮，那是那個宗教與它的信徒之間的事，如果他們對所有事已有答案，自然用不上這本書。

這本書在乎的是仍然沒有答案、仍然充滿憂慮的、你跟我。

如果都有答案、都確定，那就是程式，就不是生命了。

✦承受力，才是贏的關鍵

平常在講力量，大家一定先想輸出的力量～

打出一拳能推倒一面牆嗎？

花出一千能賺回兩千嗎？

很少人想到要培養承受的力量。

我們總是輕視防禦力、又太重視攻擊力。

看任何戰爭場面就知道，如果防守方的防禦夠力的話，攻擊者其實很脆弱。外來的攻擊者，經歷跋涉之苦、途中重重考驗，又沒住的又沒吃的，時間拖久很容易就餓死凍死病死。

只是攻擊力看起來很唬人：大石頭砸城牆、大木頭撞城門，氣勢驚人。而城牆與護城河是沉默的，默默的承受攻擊，顯不出什麼戲劇張力，很容易被忽視。

日常生活的承受力、身體健康的防禦力，都是這樣被忽視。塞車時就暴怒、交通順暢時卻只當成理所當然；重感冒了就哀嚎，不感冒時根本忘記是免疫力在抵抗一堆亂七八糟的病毒。

習以為常，當然就忘了「承受力」的存在。

可是，如同拳王所說：承受力，才是贏的關鍵。

生命就是一連串的不確定、一連串的沒答案。

就算這一秒好像確定了，下一秒也立刻變得不確定。

一個酒醉駕駛開車撞過來，一台冷氣機從樓上掉到人行道，一秒間就足以改變本來很確定的存在。

我們對活著的不確定，能承受多少，決定了我們是能大手大腳的探索人生，還是怕這怕那，以致寸步難行。

怎麼加強承受力？

只能一點一滴去加強啊。城牆就是一塊磚一塊磚砌的，免疫力就是一天一天累積的。

很多神經粗的人，是人際方面的討厭鬼，因為他們的神經粗在錯的地方：該有的感覺沒有、該有的共情能力也沒有。

但神經很纖細就好嗎？我的建議是：該粗的地方，還是要粗，要經得起丟城牆的石頭，要擋得住死纏爛打的病毒。

最管用的，就是簡單俐落的接受：活著就是一連串的不確定，**不要再妄想確定，而是反過來，培養對不確定的忍受力**。

光是翻開這本書，就已經是加強「忍受不確定的能力」的開始。

10. 情緒太大時，去更遼闊的地方

我們要學會的，是心情會轉移，

一粒一粒的沙，堆出了喜悅；一滴一滴的水，匯成了悲傷。

✦

平常是醫生，晚上變成嘻哈歌手，頸上掛了一條黃澄澄的、金鍊子串成的聽診器，有時候在台上嘻哈到一半，被通知有病人要急診，就穿著垮褲趕去醫院。

「你做醫生快樂，還是嘻哈的時候快樂？」我問。

她是腸胃科醫生。

「康永你知道嗎？病人一開口，都只說『醫生，我胃痛』，至於是什麼程度的痛，都要再花點力氣問。」嘻哈醫生說。

「因為病人自己也不知道她多痛呀。最多她也只能說比踢到桌腳痛很多，但沒有生孩子那麼痛，那也還要她曾經自然產才會知道吧……」我說。

「也許把看不見的量尺，隨時帶在身上，想到就量量看這次的狀況，大概是多少程度的痛苦或悲傷……」她出於嘻哈本能的押韻了。

呦呦……嘻哈醫術兩邊都不能忘，難以忍住那隨時想押韻的症狀……

✦ 情緒是沙堆，不是山

情緒到了什麼程度，是比較出來的。

從「我想我是快樂的」，到「我很快樂」，到「我真的很快樂」，我們每個人雖然沒有時時用尺量，但總是在摸索自己的情緒。

平常隨口祝人家生日快樂，年復一年，漸漸心虛，覺得似乎不夠力，紛紛改口「祝生日大快樂」，彷彿不這樣講，擔心快樂會太小份。

但總是不能像小學生鬥嘴那樣，把快樂吹得越來越大，到什麼「銀河系快樂」「全宇宙快樂」去。

在可測量的範圍內，**老實的摸索自己情緒到什麼程度，可以使我們比較容易轉換心情，關鍵就是明瞭情緒都是一點一滴的，不是一整塊一整塊的；是沙堆，不是山。**

快樂可以被我們先放到一邊去。我們不太會想要擺脫快樂。十分的快樂還是一分的快樂，我們都很歡迎。

且來研究一下悲傷吧。

小的悲傷也許就算啦，剛買的冰淇淋掉在地上，又不好意思趴到地上去舔，或者看到路邊有小狗在淋雨卻沒辦法停車去幫忙，這些悲傷，好好的體會，更有助於跟自己變熟。

但非常巨大的悲傷，像黑色汪洋一樣困住我們的悲傷，可以拿它怎麼辦呢？可以一點一滴的縮小那巨大無比的悲傷嗎？

也許你願意試試這樣的建議：

當悲傷過於巨大時，想辦法移到「比自己大幾百幾千倍」的地方去待著。

當悲傷巨大到沒得商量，移動到令情緒變渺小的地方

什麼是「比我們自己大這麼多倍」的地方？

大自然。

隨便一棵樹、一粒石就比我們老這麼多年，隨便一陣風一片雲就比我們自由這麼多倍。

懷抱巨大悲傷的時候，繼續待在充滿別人的世界，會難以脫身。因為對我們來說巨大的，對身邊這些人來說，也一樣巨大。

無常的事，對所有人都一樣無常。

這些人當然可以提供慰問、擁抱、照顧。可惜他們同為凡人，不太可能帶領我們超脫此刻的困境。

當悲傷巨大到沒得商量的時候，移動到可以令情緒變渺小的地方，可能比較透得過氣來。詩詞內容是悼亡時，詩的最後兩句往往轉而去描述天光雲影、草原或河流；愛情電影結局很悲傷時，最後的鏡頭也總是拍向遼闊的天際或星空。

因為人間已無處可去，唯有躲到更遼闊的地方，讓自己恢復一點呼吸。

大自然裡，沒有表情，但又充滿力量的種種，多少能轉移我們的念頭，讓我們在悲痛的同時，一點一滴的領悟生命本就如此，花朵開謝、雲朵聚散、季節來去、天地無言。

我們沒辦法成為絕對快樂的人，世上沒有這樣的人，如果有，也是硬掰的。

我們要學會的，是心情會轉移，一粒一粒的沙，堆出了喜悅；一滴一滴的水，匯成了悲傷。

不用硬要把悲傷當成一整塊來對付。試著讓大自然的訊息、大自然的力量，滲透也好，吹拂也好，一絲一絲的摟著我們，慢慢的讓悲痛退去，成為不再困住我們，但也不會被拋下的回憶。

11. 誰叫你要敞開你的心？

——「不」字要能說出口，心的大門要能一步步掩上，這都不會是一天能成就的事。

✦

圖畫紙上畫了一個城堡，但城堡的大門是打開的，有位國王倒在大門的中間，身上中了三根箭。

這是陳芃予同學畫的畫。

「這個國王怎麼中了三箭？」我問。

「敵人本來只是亂射一通，但因為這個國王沒有關大門，箭就射到他。」陳芃予說。她的口音竟然帶一點法文腔調，因為她念的是一所法國小學。

「他不是特別蓋了城堡，有很厚的城牆，怎麼不關門呢？」我問。

「這個國王一直覺得要敞開大門，歡迎所有人，所以他都不關門。」陳芃予解釋。

「我看你畫的這個畫，國王的城堡還特別裝了很牢固的大門，有門卻不關嗎？」我問。

「是的，他有門，但他不關，然後就中箭了。」

說完，陳芃予小朋友似乎已經用完她的耐心，把畫捲起來，去吃她的熔岩巧克力蛋糕了。

是啊，有門不關，似乎是不少人會做的事呢。

在前兩本情商的書，有建議我們一起練習設下人際的界線。這樣在人際關係上，才能進退有據。

這個進退有據的「據」，就是依據，就是心的大門啊。

有門卻永遠不關，不但辜負了門，也完全不尊重自己的心。

你如果愛惜你的家，一定會在大部分時候把門關上，然後由你來選擇，有時是你主動邀人上門，有時是別人敲門、你去應門，看看是什麼狀況。

你不會放任心的大門一直開著，我們又不是在馬路上開店，隨便歡迎路過的人光臨。

門老是開著，雖然未必像畫中那位國王會中箭，但絕對防止不了一些不知分寸的人有意無意的侵門踏戶，開冰箱的開冰箱、上廁所的上廁所，把你內心的家搞得亂七八糟。

關上心門，從「拒人於一尺之外」開始

這本書講的某些事，實行起來需要一點不在乎別人的勇氣。在平常生活中，光是跟人頂嘴，很多人就不敢或不願。

我的主要工作之一是主持節目，我常跟來賓唱反調，因為這樣比較有趣。就算路人吵架，大家都有興趣圍觀；相反的，賓主把手言歡，就沒人要圍觀，寧願去看街邊野貓互抓臉。

我占了主持工作的便宜，讓我可以練習跟人唱反調而且樂在其中。即使平常聊天，我也會適量適時的唱反調，能使對話有意思得多，而不是你好我好哈哈哈，聊了好像沒聊。

但是對沒有受過主持訓練的人來說，很可能覺得唱反調拿捏分寸上頗耗心力、更要擔心會不會得罪人。

那我們就來看看，如何在平常就偷偷練習，練習一步一步的設下人際界線，把本來就不該老是敞開的門，一寸一寸的掩上。

首先，只選有趣但無關痛癢的事，才敞開心胸。真的重要的事，練習關在門後面。

我們要保留一些東西令人好奇，供人慢慢探索，這一方面會加強你在別人眼中的魅力或分量，不會變成隨便就露出肚皮讓人摸肚肚的小狗；另一方面，可以提供你很多閃躲的空間，當你要拒絕任何事時，總是會需要一些理由：家人感冒要照顧、已經答應幫朋友搬家、或早就報名了要去上德文課等，中學生太早就抬出「參加祖母喪禮」這種理由去請假，這略莽撞，畢竟祖母也沒辦法常常死。

「不」字要能說出口，心的大門要能一步步掩上，這都不會是一天能練成的事。有句話形容人「拒人於千里之外」。一開始就「千里之外」太猛烈了，好歹從「拒人於一尺之外」開始。你的收穫會是：別人不再把你當成理所當然。

放慢了回答，你的回答就會有分量

怎麼逐步累積拒人的氣場呢？

最簡單的開始，就是「放慢」。別人提問時，放慢你回答的速度。

聽到別人發表高見時，不要急著同意或反對（但聽到好笑的笑話，還是建議立刻笑，拖三秒再笑會顯得智商低）。

練習的大原則，就是放慢。

變慢不是叫我們演戲，不是像某些老派演員為了讓鏡頭在臉上多停留幾秒那樣、嘆一口氣要分成三段。

變慢是訓練自己在這幾秒當中，思考對方提出的要求意味著什麼？是真正需要你、還是其實找誰都行找你就是圖個方便、還是欠過這人的人情，這人來要你還了？

你花幾秒想，對方也就只好等著，需要等的，一定比較值錢，這是任何排過隊買包包或買手搖飲的人都能體會的事。

呼之即來的人，沒有存在感，可有可無。可有可無的人際關係要來幹嘛？

你的回答可以放多慢呢？

「真不好意思，現在沒辦法回答，我過一小時就回覆你。」

就算是一件怎樣都逃不過的事，但讓對方等了一小時，就是累積了一小時的分量。

會有人擔心這樣會漸漸得到「難搞」「死樣怪氣」「跩什麼跩」這類的評價。

那麼，被人講「好搞」，然後不知所謂的瞎忙一通，是你要的嗎？

如果連這樣子的「說不」練習都卻步，那要怎麼跟從小到大被灌在腦中的、亂七八糟的各種價值觀說不呢？

鼓吹「辛勞吃苦才是正路」的價值觀，難免跟「省力走捷徑」的價值觀相牴觸。練習了對某些價值觀說不之後，在面對「走捷徑就是偷懶」的指責時，是否有能力回答：「偷懶，有什麼不好嗎？」

不走捷徑，那等於是叫人永遠別搭車，只用腿走路，所有車子可以走捷徑時都會選擇捷徑，講求效益的基本就是不浪費能源不亂繞路。

情商幫助我們平靜自在的「說不」。

拒絕是說不，把心的大門偶爾關上，也是說不。

對那些成功標準、名牌鞋包、上千點讚，都能漸漸說不，我們才有餘裕去體會豐盛有感的人生，而不是別人定義的成功人生。

勇氣要一點一點的養成，大門要一寸一寸的開關，走一步就會有一步的成績，一滴滴的水會匯聚成河流。

在一點一滴的累積中，你會發現你「開始」做自己。

12. 別鬧了，生活怎麼可能有道理

——不要對矛盾口誅筆伐、大驚小怪，尤其是對我們自己的矛盾。

「這次真是痛到我再也不要生小孩了。」她說。

她是比基尼名人，腰細到不合理，每次比基尼照片放出來，大家都以為她根本修圖修到背後如果有比薩斜塔，比薩斜塔都會變成直的。

但在腰這個部分，她真的沒有修圖，我見過她本人，腰是真的。

她堅持自然生產，結果痛得要命，已經生完一個月了，顯然餘悸猶存。以她的身材來說，自然分娩真的很痛苦。

「老天既然要我們生孩子，又把生孩子搞得這麼痛苦，這不是很矛盾嗎？康永。」她說。

我沒生過孩子，沒辦法感同身受。但這矛盾很明顯。所有動物中，只有人類生孩子這麼危險。

「是的，老天常常很矛盾。」我同意。

大自然很多矛盾的事，活著就是集矛盾之大成。

地球上最多的是鹹水，但陸上動物必須喝的是淡水，這很矛盾。豹子猛追兔子，就算追到了，兔子肉提供的能量，常常抵不上豹子追兔消耗的能量；我們太愛一個人，很容易就變成很恨那個人；我們越是加班賺錢，就越沒力氣花錢。

最直接的大白話：生命被製造出來，然後過一陣子又注定死掉消失，這個設計整個就很矛盾啊。

矛盾是這麼正常的事，為什麼到了我們眼中，變成要大驚小怪？

「你這樣根本前後矛盾啊！」「你說一套，又做另一套，你超矛盾的好嗎？」「你可不可以頭腦清楚一點，不要那麼矛盾了」……

矛盾被討厭，變成了罪名，變成不可接受的事。

因為人類希望生命是「有道理」的、會依照道理來進行，這樣比較知道下一步該怎麼走，於是什麼「言行一致」「善惡有報」「天道酬勤」「失敗是成功之母」這些大道理紛紛出籠、層出不窮。

這些話都很好，都是給生活搖旗吶喊的很好的促銷文案，但它們當然不是真理。

任何開始體會生活的人，都知道生活根本不依道理而行，相反的，生活充滿了矛盾。

所有矛盾都很正常，沒什麼好羞恥或自責

我們要先接受矛盾是常態，矛盾的事或矛盾的人，都不必一味的指責。

然後呢？難道活著就再也不講道理嗎？

當然不是。

人類雖然喜歡假裝看不到生命真相，然後自顧自的搞出很多群體生活要用的規則，像是守法、結婚、交稅、報戶口、上學上班，這些都派上了用場，支撐住了群體生活且防止了大家天天搶奪打架、滿街拉屎，但遵守這些規則的同時，也還是沒辦法把這些「道理」都當成「真理」。

「道理」支撐我們生活能進行，但生命有很大部分不歸道理管的，在那些地方，矛盾自然會正大光明的上場。

學著把矛盾當日常，尤其是自己身上的矛盾。這是我在練習的事，這令我更容易平靜。

如果我們是誠實的，我們就會一直是矛盾的。我們對每個人每件事都可以是愛恨交織的；我們對自己可以是又心疼又殘忍的、又坦誠又欺騙的；我們對生活可以是又貪戀又厭倦的……

只要你願意，對矛盾輕鬆看待，對世界也就不會再那麼嚴厲。

活著，不是來這世界當法官。很多人指責世界混亂、指責生活現實、指責人心反覆。這些指責也許很精到，但對生活有什麼幫助呢？

什麼都入不了我們的法眼，我們當然就覺得什麼都不值得。

但在脫口而出「這不值得」之前，先放下法官手中的天平，別再審核，而是去感受。

只要你願意放下那些硬塞進我們腦中的虛妄標準，你對生命的感受，應該又可以擴展很多、深刻很多，也豐富很多。

懶很好

1. 拖，是一定要的啊

在旁人眼中，這或許是一個很廢的開始，
但對我們自己來說，這就是一個不折不扣的開始。

✦

拖是一定要拖的。能夠絲毫不拖就做的事，恐怕也就不具備推動自身進化的力量。

拖，一方面代表疑慮，一方面代表期待。

疑慮是因為害怕做不好。我們為什麼會害怕做不好？因為我們希望自己要做好。

如果說做就做，很快做完，然後做壞了，一定會自責「為什麼要這麼急躁？為什麼不準備好了再做呢？」

這種「等我準備好了再做」的心，很可能會堂而皇之的變成我們拖延不做的理由，於是開始拖。

就像牛奶過期就酸臭一樣，

理由放久了也會酸臭，變成很廢的藉口。

拖延的感覺很微妙，很像一邊知道自己太胖，一邊卻忍不住伸手去抓薯條來塞進嘴裡。也就是說，在強烈罪惡感的同時，又感受到一絲耍任性的愉快。

「唉呀，康永，我為什麼每件事都這麼愛拖呀……？」她哀嘆著。

她是業界成績很不怎麼樣的一位節目製作人，她如果現在就當場退休，也不會有任何人惋惜。

她哀嘆著自己的愛拖惡習，躺平在地上。

「我也很愛拖啊。我每次都希望：拖著拖著，要做的事就會自己消失不見。」我也躺平了，哀嘆著。

「但，要做的事，並不會自己消失，對吧？」她說。

「是啊。」

「為了不想洗碗，就偷偷希望地球爆炸，這樣也太小題大作了，對吧？」

「是啊，而且會連累很多愛洗碗的人。」我說。

「你有什麼辦法嗎，可以讓我們不要這麼愛拖？」

沒有羞恥感、不費勁的振作

把要做的事，極度的簡化。然後做到：再怎樣簡化，都不要覺得羞恥。

比方我們想做一個仰臥起坐，但一想到要仰臥起坐，就忽然變得一絲力氣也沒有。

這時，我們把仰臥起坐，去掉「仰臥」，簡化為「起坐」。只要挺起腰，從椅子上站起來就好。

「什麼?!只是從椅子上站起來而已嗎?!這只要沒有斷腿的人都做得到吧?!這樣也有臉叫做運動嗎？這也太可恥了吧！」

簡化到這個地步，也許很丟臉，但反正沒人知道，重要的是，你完全做得到，完全不必遲疑。

有開始做的意識，這就是「振作」。願意振作是最珍貴的，別讓無聊的羞恥感澆熄它！就算小到微不足道的振作，也只是振作的程度還沒到顯著的地步而已。可以自得其樂的稱之為「不費勁的振作」。

不要小看這件微不足道的小事。這件小事如同一艘大船上立著的小旗子，在岸邊看到小旗子靠近，就知道船也在靠近。

提高情商的關鍵，常常就是一念之間。

再怎麼小的振作，還是把開關打開了。一旦開關打開，原本對於那件事的疑慮、恐懼，都會變得可以測量斟酌，不再漫無邊際。

你的拖延，本來似乎讓你以為你不願意，但最開始的小小一步，即使很廢，卻能令你瞬間明白：其實你是願意的。

你願意，一切就都有可能。

✦從一小步開始

在動漫裡面，只要人類必須跟巨人打架，最常瞄準的就是巨人的眼睛，再來就是瞄準巨人的腳跟。（我知道啦，《進擊的巨人》都瞄脖子……）

對比於整個巨人的巨大，眼睛和腳跟都是很小的局部，但那是一個有效率的起點。

想學英文的人，可以由聽一首英文歌開始。

想學投資的人，可以由買一門教你投資的課程開始。

我寫現在你正在看的這本書，也拖得夠久。我雖然一直滿心期待把這本書寫出來，以完成我希望介紹情商的三重點：明白、恰當、一步一步來。但我這幾年還是能拖就拖。

我一邊拖，一邊想找一個感覺最不累的點下手，以便我「假裝已經開始寫這本書」。

「什麼是一本書字最少的地方呢？」我鼓勵自己無恥的想著。

「啊，是書名！」

書名再怎麼長，也是整本書字最少的地方啦。

於是我拿出手機，瞬間就取了三、四十個書名，有的粗鄙、有的艱澀、天馬行空。

我用「取書名」這麼不費勁的小動作，掩飾我的拖延，就這麼拖著拖著，一路取了兩百多個書名。

我的船的小旗子就這麼不怕丟臉的在風中飄揚，雖然始終不見船身，但，我的開關已經悄悄打開。

我對我的愛拖，一點也不引以為傲。

但人生為什麼要有那麼多的引以為傲呢？

能夠引以為傲的事，有個一兩件，已經要謝天謝地了。

我知道很多人跟我一樣，顧不上什麼引以為傲，每天能起床，已經很耗力氣啦。

不費多餘的力氣，是所有生物的本能。

這本書，相信的是不費力的開始，然後一步一步前進。
那個第一步，就代表著「你願意」。

2.

我佩服「更好」，但我喜歡的是「更好過」

從一切發展來看，人類一直都是「似乎想變更好」，但實際上，我們只是想「變得更好過」。

持續的做一件事。第一步之後，跨第二步。第一天之後，持續到第二天。

與其想成是為了「更好」，不如想成是為了「更好過」。

不少人設定目標的時候，是照著「讓自己變更好」的嚮往前進的。

練語文、學投資、保持運動、拓展人脈，應該都是為了讓自己變得更好更優秀。

但，我們真的都這麼上進嗎？

我們是人類。從一切發展來看，人類一直都是「看起來是想變更好」，但實際上，我們只是想「變得更好過」。

為什麼發明了輪子？因為想在搬東西時省點力啊。

為什麼吃東西要加鹽或加糖呢？那樣東西比較好吃。

我們為了把日子過得舒服一點，往往願意付出非常大的代價，用真金白銀去買絲綢細瓷、甚至為香料燃料發動戰爭。

這些都不是為了讓人類變得更好，而是為了讓日子變得更好過。

這是本性。我們願意為了好過，付出代價。

想像「比較好過」，會更有動力

如果是為了變好，而設定目標，就難免要訴諸很多不是我們本性的東西，比方說，理想、紀律、上進心、自我要求……

這些字眼雖然常常聽見，但聽見的時候，多半是被教訓的時候。我們捫心自問，平常沒事是絕對不會跟自己說這些字眼的。

偶爾節食失敗，又吃消夜時，或者還沒存該存下的金額，就不幸先把月薪花完的時候，我們確實會在心裡面自責幾句「怎麼這麼沒紀律」「真是很不上進」，但在這樣自責的同時，恐怕也不免浮現出另一個自己，聳聳肩膀、安慰自己：「這也沒辦法啊，下次再加油就好了。」

要憑空想像自己「變更好」，確實想不太出來。但要想像自己的日子「更好過」，很容易有畫面～

穿上了比較有腰身的衣服、開著比較炫的車、約會去吃比較考究的餐廳、跟外國人聊天比較能談笑風生……

用這些「比較好過」的畫面來當成動力，會更有動力邁出第二步、第三步。驢子前面吊的是紅蘿蔔、不是鞭子。

當然，一定有少數天縱英明的人，能夠用紀律約束自己、喜歡想像更好的自己、而不是更好過的自己。

對於這樣的你，我也很榮幸能在這邊向你表達佩服之意。也就請你體諒一下我們這種意志力薄弱的人吧。

日子，最好是我們願意過的日子，而不是師長勉勵我們過的日子，過起來才會感到值得吧。

3.

努力最好不要排在所有行動的最前面

被稱讚「努力」的人，最大的恐懼，
是醒悟到自己除了「努力」之外，渾身上下找不出其他可稱讚的點。

✦

這位作家，已經枯瘦到可以不刷卡就穿過地下鐵的欄杆了。

「你怎麼變這麼瘦呀？」我問。順手舀了一大碗蒜頭雞湯給他。

「我花二十年寫的小說，只賣了六百本。」他說。

我陪著嘆了口氣。

「飯還是要吃的呀，何必跟飯過不去呢。」

「我吃不下。剛開始寫小說的時候，就有一位前輩告訴過我～你越認真寫的小說，讀者越是不看。原來是真的。」他說。

我沒辦法接話，因為我從來沒有覺得認真就能換來別人的認可。

你認真，是你自己的事吧？跟東西好不好，沒有一定的關係。東西好不好，跟大家用不用，也沒有一定的關係。

在寫作過程中體會到了創作的痛苦與快樂，那就是用全力去寫小說的原因。不會是衝著寫好之後、能得的獎、能賺的錢、能出的名而去的。

如果單純只是衝著這些東西而去，那麼寫作的二十年，只是在服務一場想像中未來應該會發生的賭局而已。

假設後來沒有暢銷，沒有得獎，那二十年還剩下什麼？灰燼嗎？

寫小說的那二十年，對寫作的人來講，是選擇的生活方式，不是暢銷或得獎之前的「預備階段」。唯有這個態度，才會使那二十年是值得的。

✦每一刻，都是有體會的當下

我現在寫這本書，最大的寫作動力，來自我對情商的三個信念～陽光般的明白、微風般的恰如其分、水滴般的逐步累積。

我已經為「明白」寫了一本，也為「恰如其分」寫了一本，我要求自己把介紹「逐步累積」的第三本寫出來，這是我起碼該做到的。

寫這三本書的過程中，我每寫一段，都會自問自答一番，清理自己的腦子，享受跟自己討論的樂趣跟領悟。

跟大家一樣，我的心也是充滿妄念的神鬼之心，這事到死都不會改變，我需要找到方法，跟這顆神鬼之心密切的相處下去。

這是我寫情商書的動力。

如果書出來後，能帶來獎項、名利，我會高興；如果沒帶來這些東西，我也不覺得寫作的那些時光浪費了。那些時光的每一刻，都是有體會的當下，不是為了換名換利的預備動作。

我勉勵自己用這個原則，去定目標，以免只顧著埋頭趕路，成為只會盯著吊在前方紅蘿蔔的驢子，錯過沿路所有風景與人情。

努力，不一定有價值

我很慶幸參加過一個非常有意思的辯論節目，名稱叫《奇葩說》。

這個節目每集有一個供大家辯論的題目，有時題目很奇特。

有一集的題目是：「被人稱讚很努力，應該高興嗎？」

你覺得呢？你如果被稱讚很努力，你高興嗎？

高不高興，決定於從你身上被特別拎出來表揚的這個特質，到底有沒有價值？努力，有價值嗎？

古埃及人的平均壽命，大概四十歲。法老王命令當時的奴隸們，拚了老命去砍石頭、運石頭、堆石頭，堆出了一個又一個的金字塔。那些努力一生的奴隸，臨死前望著一座座金字塔，會覺得自己的努力有價值嗎？

也許會，也許不會，決定於這位奴隸是否在乎自己參與蓋好的這個建築物，並不是自己能住的，而是給死掉的法老王存放屍體的。

這位奴隸很可能感到無比榮耀，也很可能想到就一肚子火。

也就是說：努力，不一定有價值，要看情況。

如果古埃及奴隸們努力到第三十年時，天空忽然咻咻咻的運來一批機器人，這批機器人咻咻咻用三小時就把金字塔蓋好了。

這時候，即使本來深感榮耀的奴隸們，也會剎那間目瞪口呆，不知道要如何看待之前花費的辛苦三十年。

耗費的三十年是永不會再回來的。機器人用三小時蓋的金字塔，絲毫不遜於奴隸們三十年才蓋成的成品，甚至三小時版的金字塔，切面更俐落、線條對得更整齊。努力，有價值嗎？或許有，但這價值也很可能只是建立在很脆弱的基礎上：在缺乏更有效率的方案下，這三十年的努力才是必要的。

如果出現了更有效率的方案，這三十年的努力就瞬間失去本來的價值。

現在人工智能拿到指令之後，可以很快生產出各種複雜又生動的影片了。以前要花很多時間很多人力很多錢才拍得出的千軍萬馬或恐龍決鬥，忽然就沒那麼稀罕了。面對人工智能的效率，人類很難再以努力為傲。

就算是欣賞文學，也在乎效率

枯瘦小說家花了二十年寫他相信的小說，這是他的選擇。即使小說出版的同一天，天空咻咻咻的落下一具寫作機器人，用兩小時就寫出了一本更令人眉飛色舞的小說，這也不會奪走枯瘦小說家在寫作的那二十年之中，體會到自己活著的感受，那些感受已經妥妥的放入人生的口袋了。

埃及奴隸比較慘。金字塔不是他們要蓋的，也不是他們能住的，上面也不能大大的簽上製作者的名字。蓋金字塔的三十年可能餐風露宿，所得僅夠糊口，不時還會壓斷腿。這三十年說不上什麼活著的感受，人生就這麼過去了。

如果奴隸們臨死前，得到了法老王的稱讚，說「你們真努力」，奴隸們會高興嗎？努力，可能有價值，但肯定不是做一件事過程中，最有價值的部分。

我們從小被稱讚了之後，聽了會高興的事，幾乎都跟努力沒關係～

「美眉好漂亮啊」「底迪好聰明啊」……

漂亮跟聰明是爸媽生的，不是努力得來的。

當成寵物的狗，得到的稱讚都是「好可愛喔」「真聰明啊」「怎麼這麼乖」；拉車的牛可能一輩子沒聽過任何稱讚，硬要逼主人稱讚一句，主人可能想了三秒，憋出一句「你真是努力啊」。

腦筋轉得快的人，一定優先追求效率，而不是追求努力。

「小說是文學，文學怎麼能追求效率？」枯瘦小說家質問的手指，指到我的鼻尖上。

文學是不是追求效率？那要看人類打算從文學得到什麼？

得到啟發？得到安慰？得到欣賞美的喜悅？

不管是哪一個，都還是有效率可講的。李白的詩就不斷地提供啟發、安慰，以及美；相對的，李賀的詩就提供不一樣的東西，李賀的詩提供很多鬼氣森森的氣氛。

就算追求的是精神面的收穫，也是講效率的。

創作者花了多年心血，寫出的小說，拍出的電影，對於觀賞者來說，可能是一個很沒效率的欣賞過程：讀了十萬字，或看了兩小時，結果既沒動腦，也沒動情，在乎效率的讀者觀眾，已掉頭而去。

✦懶不是沒力氣，懶就是動力

把努力放到一邊吧，我們來看看效率要怎麼追求？

你要夠懶。

懶，一直不是一個好字。

即使奇特如《奇葩說》節目，也很難定出一個辯題是：「稱讚你很懶，你會高興嗎？」

但先不用管高不高興。

可以探索的是，想懶的心。

努力到了一個程度，會累，累到一個程度，一定就想「有什麼辦法，可以不要這麼累嗎？」

是的，整個文明，都是因為「可以不要這麼累嗎」而發展出來的。

一直跑很累，可以不要這麼累嗎？於是抓了馬來騎，搞出了輪子趕快又搞出車子，文明就這麼一步一步來了。

我們都以為懶就是沒力氣，但其實懶可以是巨大的動能，驅動了人類不斷的發明設備，提供服務。

人生很累，怎樣可以不要這麼累？就是盡可能的製造能夠逍遙的機會。

每天早出晚歸的去上班，累，而且眼看要這麼一路累幾十年。如何得以逍遙？答案幾乎只有一個：製造不上班的機會。

每天煩惱人際關係，累，而且花了力氣也未必能改善。如何得以逍遙？答案也幾乎只有一個：輕鬆的搞定人際關係。

不上班?!輕鬆搞定人際關係？聽起來根本是吹牛！

是的，如果只是發懶，當然什麼都搞不定，那就都是吹牛。

但如果在發懶的同時，想像著各種逍遙之樂，追求能長時間的逍遙自在，而不是把懶表現為被迫起床前的賴床，表現為不想起身去關燈而練成的單手擲拖鞋撥動電燈開關的神功，如果能夠不要把「懶」誤解為這些瑣碎的、治標不治本的行為，**改變看待「懶」的角度，懶的力量就會出現。**

4.「忙很好」只是不得已的客套話

——不要把「忙」本身當成光榮的事。
如果有可以不忙的時候，放心的容許自己體會生活。

✦

她說她一開始就選定要當醫藥方面的記者，她覺得知道好醫生，比知道好吃的店，更能幫到朋友們。

「康永，我發現大老闆們最近有個改變。」記者小姐說。

「他們開始整型了嗎？」我問。

「不是整型啦。」她說：「前陣子，我們一些醫藥方面的記者聊天，發現喜歡吹牛自己不睡覺的大老闆，變少了。」

「以前大老闆們喜歡講自己睡很少嗎？」我問。

「是啊。以前，只要是那些社會認為成功的人，都很喜歡講自己不休息、少睡覺、有毅力、愛拚命。」她說。

「現在呢？」

「現在，比較多大老闆願意聊他們維護自己健康的方法，有幾個老闆，還特別強調了睡飽覺的重要，說睡飽了，做的決定都是對的；睡得糟的話，常常想不清楚事情。」

終於，不再用少睡覺來標榜自己是超人了。

也許，在機器人越來越普遍的時代，終於領悟到再怎麼不吃不睡，也只是隨便一個掃地機器人就能做到的吧。

別用「忙」當成「不知為何而活」的障眼法

只要你的行為顯示為你很忙，別人就會勉勵一句：「忙才好。」

是喔？忙才好嗎？忙有什麼好？

我當然知道這句話是社交用語，我自己也不免講這句話，因為，對一個很辛苦的人，表達一定程度的羨慕，這是禮貌與支持。

起碼，在失業率高、景氣不好的階段，能有工作可忙，有生意可做，都是值得慶幸的事。這是「忙才好」作為社交語的正確理解角度。

但這句話講多了，當然就有了塑造價值觀的威力～

「忙，才好」，然後就是「閒，不好」。

「我緊張到失眠一個月，終於拿到那張三十萬的訂單！」大家拍手。

「我這個禮拜都在海邊睡覺，我們家的股價是漲是跌，我全都不知道。」股東們安靜，心裡偷偷皺眉頭。

甚至，領導公司的老闆，如果不幸死了，也有「重於泰山」或「輕於鴻毛」的不同評價：過勞而死，死在出差奔波的途中或倒在辦公桌上文件堆中，會被認為是鞠躬盡瘁的悲壯死法；如果是死於滑雪摔死或是潛水溺死，可能會得到「唉，不好好上班，跑去學人家潛什麼水……」這樣的反應。

我們既然已經「從人，淪落為所謂的『人力資源』」，資源是有限的、是有成本的，當然就要「用在刀口上」，而不是「用來閒著」。

大部分的人，忙是不得已的。

在這麼辛苦的時候，如果能被別人一句「忙，才好」給安慰到，那就很好。

只是請不要把**「忙」本身當成了光榮的事。如果有可以不忙的時候，放心的容許自己體會生活，所有你的嚴厲長輩認為「這有什麼用」，但你覺得「這也挺不錯的呀」的那些事，**

都有可能讓你忽然冒出「這才是生活啊」的感覺。

必須忙，就忙。

可以閒，就閒。

不要被原本是善意的應酬話給矇昏了頭，誤以為非忙不可、不忙可恥。

請別用「忙」當成「不知為何而活」的障眼法。生活是我們自己的，何必用任何障眼法，來障我們自己的眼呢？

5. 照重量計價的酒，不會是最值錢的酒

了解自己，才知道自己有什麼價值，可以擺脫按小時計酬的處境。

每次我都拜託丹尼爾給我喝最便宜的葡萄酒，我請他把他手上那些貴得要死的酒，拿去招待他那些挑剔的、考究年分又考究葡萄種又考究釀酒師的酒友們。

丹尼爾開銀行，他看錢的角度，跟我這種平民很不同。

「康永，演藝人員的酬勞，是按照工作幾小時來算的嗎？」

「看付錢那方是為什麼需要這個藝人吧，有些藝人按小時計酬。」

「如果不是按小時計酬的話，還會用其他什麼樣的標準計酬呢？」丹尼爾問。

「演藝界的人有各種想實現的計畫，有的計畫本來連八字都沒一撇，但一旦主事者能夠拉到一位有號召力的明星，光是對外宣稱此案有這位明星參加，大老闆們看到就有了信心、願意投錢，於是這條本來在茫茫大海漂蕩的小船，就忽然有了引擎有了舵、有了水手有了

油，儼然變成一艘有模有樣的郵輪了。」我說：「要是這種能讓一個案子瞬間活過來的明星，那就拿怎樣的酬勞都有可能。」

「嗯嗯，這種明星是案子的靈魂人物，多拿是有道理的。」丹尼爾點頭。

「各行業的人也都一樣，有用小時計酬的、也有用價值計酬的。」

「嗯嗯，葡萄酒也一樣，有照幾公升在賣的，也有稀罕到一瓶比跑車還貴的。」丹尼爾嘆了口氣：「如果論小時計酬，這個人一輩子能得到的酬勞，拿計算機出來按幾下，就可以算出來啦。」

✦以你的價值來計酬，而不是時數

有些人看我之前的情商方面的書，也許覺得「了解自己」是件有空再做的事，是茶餘飯後、做了很好、不做也沒關係的事。

反正就是件風花雪月、軟趴趴的事。

容我提醒，不是哦。

了解自己，才知道自己有什麼價值，可以擺脫按小時計酬的處境。

按小時計酬當然正大光明，沒什麼好羞恥的，但同時，也沒什麼好光榮的，就是很老實的賺錢。

如果覺得這樣很好，那就很好。人生好不好，本來就是每個人自己說了算。
但如果不想一直這樣，那就只好換個方法計酬：以你的價值來計酬。

不了解自己，要怎麼以自己的價值來計酬？
不了解自己，要怎麼知道自己到底可能有什麼價值？

了解自己，是讓自己可以不再按小時計酬、而是按價值計酬的開始。
了解自己，不是軟趴趴的事，是硬邦邦的、鐵錚錚的、而且很可能金光閃閃的。

6. 要練無相神功，還是九陰白骨爪？

——想打勝仗、留下威名的人，跟想好好感受人生滋味的人，本來就會追求不同的生活。

✦

呆伯特 Dilbert 是個漫畫主角，是可憐蟲工程師。呆伯特常常代表受欺負的上班族，說出公司有多蠢、老闆有多壞。

創造出呆伯特的漫畫家史考特．亞當斯 Scott Adams，寫過一本書，叫做《我可以和貓聊一整天，卻沒法跟人說半句話》。

這書名的境界，我可做不到。

我可以跟我自己聊一整天，書就是這樣一本一本寫出來的，但我跟貓可沒辦法這樣聊天。

他這本書中有段話：

「在減重的世界裡，『減十公斤』是個目標，但『吃得對』則是一個系統；在運動的世界裡，『跑四小時馬拉松』是個目標，但『每天運動』則是一個系統。」

姑且容我把「系統」這個用詞改成「生活方式」，應該會更順口。

✦與其強迫自己「沒得商量」，不如「根本忘了可以商量」。

減肥之後可能很快復胖，馬拉松跑完可能大躺三週。這些比較猛烈的目標，不太可能是日常生活，而比較像是要作戰要去進攻一座高塔，要練兵、要備糧，作戰任務不管成敗如何，總是會告一段落。這是生活的插曲，不會是生活本身。

武俠小說裡，練成無相神功或易筋經的、總是勝過練龍爪手或白骨爪的。外門功夫張牙舞爪的、確實比較有氣勢；但安靜的內功比較悠長持久。

與其用力說服自己設下任務型的目標，不如心悅誠服的從內心去相信、進而去建立「吃得對」「每天運動」這些有百利無一害的生活方式。

想打勝仗、留下威名的人，跟想好好感受人生滋味的人，本來就會追求不同的生活。如果要保持良好的感受能力，自然會接受「吃得對」「每天運動」為日常的生活方式，就像在充滿二手菸的房內會把頭轉向窗外的新鮮空氣，那麼自然。

7. 自律一定沒有自樂的久

對於「每天喚醒你起床的，是什麼？」這個問句，我的回答通常是：「起床，比不起床，有趣多了。」

✦

自律很強，但撐不久。

自樂談不上強，但自樂可以撐很久。

我的朋友，雖然掛了一個電競選手的頭銜，但其實是靠他從小打遊戲的死黨庇蔭，勉強擠進了一個電競隊伍。

既然打遊戲的能力不怎麼樣，他難免想做點別的，增加收入，也增加成就感。

「但我發現，我這樣從小盡情打遊戲的人，做其他事情時，超容易分心的，看書看不到兩頁，就想去打打隨便什麼小遊戲，連放下手機吃飯，都做不到。」他說。

其實他錯怪遊戲了，所有人都很容易分心。分心是人類生存下來的重要本能。

原始人如果一吃飯就全神投入吃飯，一賞花就全神投入賞花，應該三天內就葬送在蛇牙虎口了。

隨時分心去注意環境的變化，才能活久一點。

現在生活不太會遇上蛇牙虎口，於是我們反而想專注了，不想分心了。

很多專家教導我們：

為自己弄一個無手機的空間，把手機放到隔壁房間的桌子的抽屜裡，或是由家中小孩當監視員，只要在期限內違規看手機，每被逮到一次就罰一筆錢等等方法。

這些都是很有用的招數，照著去做一定會改進。就算只維持了兩個禮拜，也得到了兩個禮拜的專注。

但可以維持多久呢？

自律不成，就打擊了自信

有些人可以把這些招數一直繼續，我很佩服，我不行。

只要是需要紀律的事，我都只能支撐一段時間，大概最多撐三個月。剛開始，發現自己這麼做不到鋼鐵紀律時，我也會對自己失望，自責一番。然後我發現這樣的自責，對改善問題沒有幫助，對我這個人也沒有幫助。

一定有人能自責之後就奮發向上，但我目前還不是這樣的人。我喜歡跟自己商量事情，但當然不喜歡自責。

不管是被自己責備，還是被別人責備，誰會喜歡被責備呢？被責備而產生動力，這種事大概可以偶一為之。常常被責備，一定會洩氣的。我只要不夠自律，就會自責，自責幾次之後，如果還是自律不起來，我就洩氣了。我發現這樣的過程，會打擊我做這件事的信心，這樣反而更阻礙我的計畫。自律不成，就打擊自信。而我需要自信。

✦依靠樂趣，去戒除壞習慣

我們從小聽到很多自律的故事，都是「偉人」的故事。

但我不是偉人，也沒打算做偉人。如果你打算做偉人，請放下這本書，請諒解這本書沒有打算為邁向偉人之路提供幫助。

我們一般人會這麼難自律，是因為我們打算用自律去對抗的各種癮，都是本能之外，人類特別發明出來的、動物無法享受的樂趣。

人類發明的香菸、糖、酒、炸雞、賭博、遊戲、迷幻藥、色情片、長短影片、智慧手機，乃至於最不可能戒除的：與其他人接觸往來，這些都是動物無福消受的，而我們憑著動物的身體、被拓展的感官，享有了這些前所未有難以回頭的樂趣。

感官沒道理捨棄這些樂趣，我們硬要靠違背動物本能的自律來拯救自己，理所當然的一再敗下陣來。

對我這樣脆弱的人來說，自律抵不過樂趣。

我沒辦法依賴自律，去戒除壞習慣。

我多半依靠樂趣，去戒除壞習慣。

有一句很有名的問句：

「每天喚醒你起床的，是什麼？」

對於這個問句，我的回答通常是：

「因為起床，比不起床，有趣多了。」

睡不夠的話，當然是繼續睡。但如果不缺睡眠的話，一直躺著，並不有趣，甚至也不那麼舒服。

✦ 放棄抽菸的樂趣，換來接吻的甜蜜

只要可以去做更有趣的事，就不必一直重複做原來的事。賴床繼續睡覺也是在做重複的事。

跑步的人，在跑步中找到樂趣，不管是跑步時沿路的風景，還是跑步時腦中分泌的快樂成分，還是因為跑步而認識的新朋友，還是因為跑步之後有了腰可以穿有腰身的衣服。**只要能找到那件事中，直接或間接的樂趣，把那個樂趣，蓋過原本的習慣，就會產生動力。**

我有位抽菸的朋友，每次接吻就被對方嫌棄嘴巴有菸味，接吻只好草草了事，雙方嘴唇不歡而散。後來他就採取「要不就吻嘴，要不就吻菸」的二選一原則，每次去約會前一天，停止抽菸。

他說他用接吻的甜蜜，去蓋掉抽菸的樂趣，他得到了交往對象的讚許，不抽菸的時間漸長，生活中的甜蜜漸增。他覺得放棄抽菸之後，換來的樂趣更多。

我受到他的啟發，就用這招「換來的樂趣」，來對付我的滑手機習慣。

我每次在滑手機的空檔，寫幾段字，畫一些畫，這樣做了幾次後，我發現我放下手機大概三～四次，就可以寫成一篇東西，或畫出一個草稿。平常我做完這樣微不足道的工作量，

不會有什麼成就感。可是我就故意把這個過程，看待成是我「暫停滑手機三四次」就能換來的東西。

與其比紀律，不如比樂趣

情商，是「一念之間」的事。

找到如何去看待一件事對我們的意義，那件事就可以發揮跟以往不同的力量。

一念之間，聽起來是隨隨便便就能做到的事，沒想到竟然不是。

「這種氣，有什麼好生的」，這就是一念之間的事，但在生氣時，一百人之中，有幾人能瞬間轉念，不怒反笑？

情商的練習，超級在乎「一念之間」。練習的重點就在於怎麼察覺那「一念」的存在，怎麼抓住那一念，怎麼運用那一念。（抓不準也沒關係，亂抓也沒關係，有試著去抓，就已經是察覺的開始，跟完全不去抓的人比起來，有明顯的差別哦。）

關於動不動就分心的狀態，我的建議是：

與其比紀律，不如比樂趣。

然後，與其講意志，不如講交換。

講「意志」，常令我們誤會只要一味的拚下去，這樣很容易會忽略要付出的代價。

講「交換」，比較能提醒我們，改習慣或不改習慣，都不是免費的，都是要付出代價的。

抽菸的代價就是接吻不順暢，要不要拿接吻的樂趣，換掉抽菸的樂趣？

不斷滑手機的代價，就是文章寫很慢，要不要拿快速寫好文章的成就感，去換掉滑手機的樂趣？

人生的籌碼有限，把手上的壞牌丟出去，換成好牌進來吧。

8. 真正好的「懶」，是「聰明懶」

如果聰明是化繁為簡的能力，這樣能多出多少餘裕，去體會活著的滋味！

向來以吸血鬼外型出現的年輕民謠歌手，竟然臉色健康的出現在我眼前。

「你不會是開始運動了吧？」我問。

「我只是快走而已。」她說。

「我記得你說你只喜歡游泳。」我說。

「游泳還要有水，太麻煩。」她說。

「活著本來就很麻煩呀。」我笑了。

「所以才要用所有的方法，讓它不麻煩啊，康永。」她說：「那些人生贏家整天忙得半死，連怎麼發呆都忘了，那還能叫贏家啊？贏個屁，早就都輸光了。」

「依你之見，怎樣才能算贏家呢？」我問。

「能把人生弄得不麻煩的，就是贏家。」她說。

抓緊原則，才省事

有些人聰明，聰明到可以七十二變。

我們偶爾會佩服這樣的人，但更多時候，我們很容易看出他們累。都七十二變了，豈有不累之理？

情商有各種事可以追究，有各種事值得練習。但我很希望把情商的事，縮在三個點講完：如陽光的明白、如微風的恰如其分、如水滴的一點一點慢慢來。

超過三樣，就太麻煩了。

我對「三」有信念。「三」比較容易記得。「三」比較容易做到。

要學會一件事，先要搞清楚第一步，這第一步很多人都願意一試。試了之後，一部分人會退縮，另外一部分人會願意再試第二步，但心裡想的是：如果第二步還是搞不定，還是沒意思，那就放棄。

試了第二步的人，又有部分人退縮了，但剩一部分人不甘心：都已經弄清楚前兩步了，幹嘛不再試一步，就學會了啊。

這是「三」的魅力：在我們想放棄時，留得住我們。

需要三步以上才能學會、才能做到的事，當然多的是，三十步的、三百步的，也都多的是。那些就是沒得商量，要投入的學、投入的練。

相對而言，「三」是好商量的，因為才跨出一步，就可以望得到盡頭。

情商可以是三十步的事，可以是三百步的事。但為了給人生省麻煩，我們就讓它是三步的事吧～明白、恰當、慢慢來。

化繁為簡，聰明懶

如果依照通俗的贏家定義，我們大多數人，這輩子不會是什麼人生贏家。尤其有些贏家的標準還要求投胎在特定人士的家中，那更是輪不到我們努力的事。

大多數人不能贏的遊戲，這種遊戲有什麼可留戀的？

反正任何遊戲，贏的一定是少數，如果我們也想贏一回，當然就不妨改成由我們自己來定義贏家吧～

我們可以定義贏家是「她在乎的人，也都在乎她」；

也可以定義贏家是「能感受到生活中的各種美」；

也可以像剛剛那位吸血鬼歌手的定義：「誰能讓人生不麻煩，誰就是贏家」。

如果不能把生活化繁為簡，如果不懂得把想做的事減少到只做前五分之一，然後把大量不必動腦、不值得費心的事，委託給大腦的基底核去自動化進行，那怎麼能算聰明呢？

很多人誤會，認為「智慧」這種東西，老了再有就好，結果大部分的歲月，就在不清不楚的瞎忙中度過。這多麼可惜。

如果聰明是化繁為簡的能力，這樣能多出多少餘裕，去體會活著的滋味！

真正好的「懶」，一定是「聰明懶」。化繁為簡，只專注少數的事，有時間發呆，有餘裕體會活著的滋味。

9. 懶得管，是智慧的開始

如果我們自知並沒有特別犀利的辨識力，我們為什麼還這麼喜歡評斷別人的優劣對錯？

✦

明星身邊伴舞的舞者，常常親耳聽偶像沒有被修飾過的歌聲，親眼看偶像沒有化妝的素顏。

我發現我這位舞者朋友每次稱讚某個偶像時，就一定忍不住順帶的貶低另外一到三個偶像。

「這個誰誰唱現場超強，不像那個誰誰誰，現場唱三句，就有一句破音！」

「這個誰誰體力練得超好的，不像那個誰誰誰才跳一首，就已經喘到快死。」

我們都是這樣講話的，覺得自己是天下每件事的評審，見識不凡、東指西畫，曲有誤，周郎顧，大顧特顧。

「逛街時她先生都會幫她揹皮包呢，哪像你先生出門還讓你拎行李。」「你們家小寶真優秀，哪像我們家那個不成材的小鬼，連話都說不清楚。」……

我們是怎麼變成這麼火眼金睛、目光如炬的？我們是不是吃一口豬肉，就吃得出這豬是聽哲學課長大的，還是聽莫札特長大的？

如果我們並沒有犀利的辨識力，我們為什麼這麼喜歡評斷別人的優劣對錯？

應該就是為了：要別人覺得我們懂，讓別人對我們保持三分敬畏。以生存自保的原則來說，讓別人忌憚我們，總是勝過別人不怕我們。

不過呢，請別忽略：這已經是一個大家都搶著發表意見、搶著臧否人物的時代了。**繼續搶著發表意見、臧否人物，只會把自己塞進一個嘈雜得要命的、失去自己面目的蜂窩裡，不會被當回事的，除非你的意見真的啟發人心，或起碼引人發噱。**

我們需要怎麼做呢？我們最好讓自己懶一點。懶得管那麼多。

要別人來請教才說，才真的發揮優越感

英文有個詞 judgemental，是指人非常愛「評斷別人」，這被當成是一個缺點。中文沒有準確對應的詞，但中文也會說一個人「優越感很強」，也是貶義。

批評別人很爽，大概就是因為這種泡麵般即開即食的廉價優越感，可以隨時隨地自鳴得意，覺得自己很厲害。

那麼，練習成為比「很厲害」更厲害，不是更好嗎？

怎樣才能比「很厲害」更厲害？

就是真的發揮我們的優越感，覺得我們的意見既然這麼珍貴，雖然沒有珍貴到可以要求別人付諮詢費才能聽到，但起碼要別人來請教我們，才值得我們說出口，而不是當成垃圾一樣的到處亂丟。

別人都還沒碰我們，我們就像垃圾袋被撞翻一樣，灑出一堆意見來，顯得多麼廉價？

懶，讓你多出一些餘裕

別人的事，不需要我們評價，一定要做點什麼才高興的話，反而是需要我們先去判斷：這些事，值得花精神嗎？

夠懶的人，在要花錢叫外賣時會挑一下，在要花時間打算追劇時會挑一下，那麼在要花心力評價別人時，當然也要挑一下。

「這不重要」「這沒意思」「這不關我的事」。

如果別人的事，能通過以上這三道檢驗，還依然令你想評價，那應該就真的值得你費那些心思了。起碼，你將有一念之間能察覺自己正在評價某人某事，在進行評價的同時，你更多認識自己一點，多重視自己的感受一點，而不是像一個塞滿了又被人一碰就灑出來的垃圾袋。

懶，會使我們多出一些餘裕，這些餘裕拿去做什麼都好，拿去做什麼都勝過混在一堆嘈雜的人之中，連自己的聲音都聽不見。

懶，懶得理不重要的事；

懶，懶得理沒意思的事；

懶，懶得理不關我事的事。

10.

完美只是你以為

不要用「完美」當成金光燦爛的路障，
任它擋在我們跟想做的事之間。

✦

五官完美的她，走進我們辦公室，整間辦公室瞬間都亮起來了。

我們正在為一部電影選角，要選的角色，是一位看到血就頭暈的醫生。

五官完美的她，沒有被選上。

「她的五官太完美了，一點也不像個醫生。」我們組內的製片說。

電影裡另外有個女性的角色，是一位重病的病人。

「她的五官太完美了，一點也不像個病人，觀眾會出戲的。」我們組內的攝影指導說。

「我們可以找個角色給她嗎？我有人情壓力。」我說。

「沒有角色適合她……觀眾不喜歡看到五官完美的人。」我們組內的導演說。

看看史上最紅的明星們，都是臉孔很有特色，但不是五官完美的人。五官完美的臉，能在一瞬間放光，但傳達不了一個人間的故事。

我們都很羨慕完美。但是完美可能不那麼值得追求。

我所吃過的所有好餐廳，有的用餐氣氛令人放鬆，有的聚集了最時髦的客人們，有的端上桌的菜的溫度永遠恰如其分，有的就是能張羅到最新鮮的材料。

它們各有特色，但沒有一間是完美的。

我們這些去餐廳的人，沒有在追求吃一間完美的餐廳。我們這些看電影的人，也沒有在追求看一部完美的電影。

就算你硬逼我想，我也想不出什麼樣的餐廳是完美的餐廳，什麼樣的電影是完美的電影。我覺得這是誤會。世界並不需要完美。

✦「完美」只是一種很迷人的妄念

完美，應該只是一個有時會呈現出的狀態，天時地利人和都湊在一起時，我們會感覺完美。

但那是短暫的狀態，可遇不可求。

對於自己想做的事，不要想「完成」，不要想「完美」，要想的是「做到某個程度就好了」。

做到多少是多少。

對於完美的幻想，耽誤了不少重要的事。

不要期待課業完美、婚姻完美、工作完美。

沒有這種東西，如果有，也只是我們誤以為有。

想開一間店，值得追求的是一間有特色的店，而不是一間完美的店。

智慧手機這麼棒的里程碑式的發明，也是推出之後，再逐年修補改進各種細節。智慧手機做到什麼程度，我們就使用到什麼程度。

我們偶爾會讚嘆「這樣設計真是完美」。但其實是在說，它並不完美，它明年的發布會，會推出「更完美」的機型。

所有推出的宣稱完美的東西，從醫藥到汽車，到現在都已經更迭好多代了。

心中浮現過完美的感受，不表示要把完美放在神位高高供起。

人心有很多妄念，因為我們配備的不是動物之心，而是神鬼之心。

「完美」是其中一種妄念，是很迷人的妄念，不要用「完美」當成金光燦爛的路障，任它擋在我們跟想做的事之間。

以後，又想到「不夠完美」而卻步不前時，提醒自己，我們可能不是追求完美，只是在給自己找不開始做的藉口。

如果人生結束時，有機會回看人生，我們一定會覺得人生值得就好，人生何必完美？

11. 拖延，其實就是到處晃，到處找可以繞的彎

令人想拖著不做的事，逼著我們一步一步的七彎八拐的、找到了自己的河道，生活就這樣成形了。

✦

據說是河神，至於是哪條河的河神，他沒說。

「你們河啊，為什麼沒有一條是筆直的？」我問。

「因為我們繞。」河神答。

「你們河啊，為什麼要繞？」我問。

「因為到處都是我們穿不過去的石頭、爬不過去的山。」河神答。

「那這樣繞來繞去、歪七扭八的，最後成了個什麼呢？」我問。

「成了一條河。」河神答。

每個人都有拖著不做的事。

再怎麼有紀律有效率的人，都有他們拖著不做的事。

為什麼拖？因為不想做。

其實不用冠上「症」字，大多時候算不上什麼病症，就只是拖著不想做而已。

本來呢，不想做的事就算了。但如果是被逼著做、那就只好能拖盡量拖、拖到不能拖了，就亂做一通、草草了事。

從小時候的暑假作業、到長大了的不想打的電話、不想跑的客戶、不想結的婚、不想生的孩子，都一樣。

各種拖著不想做的事，就是我們不想揹的責任。即使拖延逃避會帶來處罰或損失，我們也都默默的吞下，這就是我們的人生選擇。

有些非常有成就的科學家，在親子關係上留下了爛攤子，有些非常成功的企業家，在人際關係上留下糟透了的評價。

各種我們拖著不做的事，逼著我們能閃就閃、能繞過就繞過，也同時逼著我們辨認出一些我們真心愛做、一點都不會想拖的事。

像那位河神所說的，我們每個人都這樣繞來繞去、歪七扭八的，成了一條河。

保持對生活的熱情，而不是賭氣般的活著

克服了所謂拖延症、迎難而上，是值得佩服的。

但克服不了，只好彎來彎去的河，終究也能流到某個地方。

那麼多令人想拖著不做的事，逼著我們一步一步的、七彎八拐的、找到了自己的河道，生活就這樣成形了。

彎、或者繞，也都是選擇啊。人生本來就是由一個又一個選擇所構成。

不彎或不繞，硬是要上，如果傷了我們對生活的感情，我覺得很不划算。

保持對生活的感情，而不是賭氣般的活著。

像樣或不像樣，是神氣的大河還是不起眼的小河，只要都有河水在流動就好了。

12. 別把選擇看太重，就不會老是拖延

——要過上想要的生活，不可能無視各種變化，而每次選擇，都是產生變化的機會。

「我到底該選哪首歌?!康永！我到底應該選哪首歌?!」參加歌唱選秀節目的選手，衝到後台來，在我面前跳來跳去。

我不懂唱歌，幫不上忙。我旁邊坐的是位流行歌曲的天后。她沒有要理那位跳來跳去的選手，但我盯著天后看。天后本來在夾睫毛，被我盯到睫毛夾歪，她只好嘆口氣，放下睫毛夾，轉過身來看著那位選手。

「你要緊張的，不是選什麼歌；是選好歌以後，想辦法把歌給唱好！」天后說。

遲遲不能做出選擇，有時是把選擇看得很嚴重，對於做選擇太緊張。

愛拖延的人當中，有一種，是因為逃避做出選擇，只好一直拖著。

重視選擇，絕對是正確的態度。但也請了解，會令人生轉向九十度的那種選擇，其實很少。

大部分選擇，就算我們覺得選錯，只要沒造成太大的傷害，過陣子我們也就忘了。選對的那些，也不至於到翻轉人生的地步。

千挑萬選，選了一家股票；左思右想，挑中了一位伴侶，後來不如意的，比比皆是，而生活繼續。

✦選擇之前之後，都要持續靠近想要的生活

只要知道自己大致上想過什麼樣的生活，那麼不管眼下做了什麼樣的選擇，都可以相信即使已做了選擇，一切仍有改變的空間，不用把選擇當成一把定輸贏的賭博。

每次選擇，不是定局，而是產生變化的機會。這樣去看待選擇，又輕鬆又實際，應該就不會一直拖著。

有些選項，看起來像是選項，但其實不該被列入選擇，比方說：想過有錢的生活，那就要從各方面，往這種生活靠近。買股票也許是其中一個方法。但在沒有扎實根據時，只選某家股票全押，這是賭博，這不算是靠近有錢生活的選項之一。所有負責任的投資建議，都會

勸我們把錢分散去買不同家的股票，或者買由多家股票組合而成的基金。

靠賭博不會致富，賭博不是這道選擇題的選項之一，本來就不是選項，硬要選，除非上天保佑，不然達成機率一定很低。賭博當然會有贏錢的時候，但因為賭徒心中真正想過的生活，並不是有錢的生活，而是一直賭贏的生活，所以即使賭贏再多次，終究會輸掉，他的生活也不會靠近有錢的方向。

做出選擇之前，做出選擇之後，都一直從各方面去靠近想要的生活，對做過的選擇慶幸也罷，懊悔也罷，都繼續靠近想要的生活，這是比較健康的看待選擇的態度。

能這樣看待選擇，應該就不至於因為太害怕選擇，而沒完沒了的拖延。

輕輕揉捏
成習慣

1. 習慣，比意志力更可靠

重複，根本不是無不無聊這種層次的事。重複會形成習慣，習慣會決定我們怎麼活。

✦

重複並不無聊。

如果我們是故意重複的，那就不但不無聊，甚至很有趣，很有成就感。

什麼時候，我們該故意重複呢？

當我們有想做的事，但又對自己很沒把握的時候，我們不該依賴自己，我們該依賴「重複」。

「康永，我不會騎腳踏車。」撲克牌界的頂尖高手跟我說。

說他頂尖不是客氣話，撲克比賽中最大的獎金，他已經拿到過兩次。

「反正已經有人為你開車了。」我說。

「怪我太孬，我怕摔。」他說：「我所有朋友都會騎腳踏車，只有我不會。電影裡面載著心愛的人在後座，兩人迎向陽光和細雨背景還有主題曲的畫面，大家都做得到，我做不到。」

「你想太多了。會騎腳踏車的人，百分之九十沒有機會載著心愛的人在主題曲中迎向陽光和細雨。」

「我這麼會打撲克，卻練不會騎車，你說可不可笑？」

我倒覺得很合邏輯。打撲克是每一局都動腦，騎車不是靠動腦，騎車是靠習慣。

所有靠習慣的事，都是在重複中，達到一定的水準。

進行所有那些重複的動作時，我們把「無不無聊」置之度外，因為我們做那件事時，有目的。

打遊戲時，重複的練功很無聊，但我們把無聊與否，置之度外，因為練功是為了打大魔王，而打大魔王是我們想做的事。

練吉他，老是重複練同一首曲子時，可能無聊，但我們也不在乎是否無聊，因為曲子練成了，可以適時在班上出一點風頭，得到心儀對象的青睞，那是我們想做到的事。

我們是故意去重複的，這就是練習，一直重複，熟極而流，練習到一個地步，我們從此做這件事時，就是習慣動作，不再動腦。（或者精確一點的說，只動用了腦中那個負責處理習慣的區域，一個叫作基底核 basal ganglia 的區域。）

有些重複是我們故意的，因為我們想練習某些能力：打怪的能力、騎車的能力，之類的。但生活中大部分的習慣，不是我們故意的，是在我們沒察覺的情況下，默默形成的。

每天穿衣脫衣、洗臉上廁所、上學上班、吃飯睡覺，這些事，如果每件都勞動腦子，那可要逼死腦子了，腦子要不就只好越變越大，要不就是為了動腦而把身體的能量都用光，每天光是起床準備出門就會耗光力氣。

演化會淘汰那些每件事都要動腦、結果沒力氣做大事的人，而獎勵我們這些比較有效率的人。

我們的腦子判斷之後，把不值得動腦去想的事，都委託給習慣，讓腦子能夠空出來，去對付更麻煩的事。

在重複之中，我們把習慣建立起來，如同把水管鋪好，這樣以後水龍頭打開就有水，而不是每次要用水就費盡力氣扛了大水桶去河邊挑水。

養成了強的習慣，你就會成為很強的人

美國杜克大學的研究說，我們每天生活，起碼有百分之四十的行為，是習慣決定的，不是我們選擇之後才決定的。

（其實我覺得習慣決定的行為，遠超過百分之四十。我見識過一些人，一輩子都不怎麼動腦，反正從小到大，每個重複的行為都成了習慣，然後他們就依照這些習慣活下去。即使有些事，他們看起來有動腦子去想，他們想事情的方法，也都還是遵照從小到大所逐步形成的習慣，他們沒有打算跳出框框去想，也許你身邊就有那樣的人。那樣的人有沒有活得比較差呢？那要看你覺得怎樣是你的理想生活了。本篇希望我們學會有意識的建立我們想要的習慣，而不是無意識的凡事依賴未經反省的習慣。）

呼吸排泄、吃飯睡覺，都是必要的，不做就要死掉的，沒什麼好計較無不無聊的。

說穿了，太陽每天重複出現，地球每秒重複的轉，它們要是覺得無聊，週一出，週三不出，這秒轉下秒不轉，我們人類早不知死到哪裡去了。

重複，根本不是無不無聊這種層次的事。重複會形成習慣，習慣會決定我們怎麼活。不能靠習慣決定的大事，我們一天遇不到幾件，也沒力氣對付幾件。

要把日子過好，要又省力又把日子過好，我們要搞定的是習慣。

養成了聰明的習慣，你就會成為聰明的人。養成了強的習慣，你就會成為很強的人。

習慣一定靠著重複而形成。

無不無聊，根本不重要。形成我們想要的習慣，才會有效率的過上我們喜歡的生活。

2. 一想到要什麼，就同步想怎麼要

培養這個習慣的第一個好處，是不會再許荒謬的願望。

有個考古學家，在一個破店裡買到了個破壺，結果這壺竟是個傳說中的許願神燈。

考古學家一擦壺，許願神魔從壺裡跑出來，這神魔的個子大到塞滿整個房間。

「許願吧。」神魔說。

「我不要。」考古學家說。

神魔非常困惑，也很不高興。

「為什麼不許願？」神魔問。

「我讀過的每個神話故事，只要有向你們這種神魔許願的，到時候都要付出好大的代價，根本划不來。我才不要許願。」考古學家說。

這是一個電影的情節。後面發展很奇特：考古學家跟這個神魔戀愛了，夠怪吧！但當

然，不關我們的事，祝福他們。

這位電影中的考古學家，不肯亂許願，算是從經驗學到的智慧，聽來厲害，但其實你也做得到，只要養成一個非常不費力的習慣。

這個習慣就是：只要想到要做什麼，就同時想「怎麼做」。

想看一場整場都沒別人的電影？

想吃一頓沒吃過的異國料理？

只要一有想做什麼的想法，就同時想怎麼做。

如此一來，很奇妙卻又很合理的：虛無飄渺的許願，會瞬間變成有步驟的計畫。

想要什麼，先想「怎麼做」

那個電影中的考古學家，之所以沒掉入「向神魔許願」的陷阱，純粹就是因為她比以往的許願者，多想了一點點：在思考「想做什麼」的同時，同步去想「那要怎麼做到呢」。

當她一想「要怎麼做到」，她立刻警覺：想做的事，神魔是做得到，但神魔要求的代價，大到令人吃不消。

向神魔許願，當然要付出代價，不然那個神話故事一定無聊透頂。

誰會想看一個人莫名其妙的心想事成、萬事如意？

這樣的故事根本沒人要聽，無法流傳。

原則很簡單：連向一個破壺許願，都不可能平白如願，我們想做任何事情，就只有一個跑不掉的步驟，叫作「怎麼做」。

不再許飄渺願望，踏出清晰的第一步

「我想當太空人」「我想去北極旅行」「我想跟一個偶像結婚」。

這些「我想」，如果只是為了講高興的，那就儘管講，反正不要錢。但是本來是講高興的，如果老是這樣講，講個三年，也就不會高興了，再繼續講三年，可能還會難過得想哭。

以上這些「我想」，其實不是多過分的幻想，只要我們相信這個習慣：

只要一講「我想」，就同時開始想「怎麼進行」。

培養這個習慣的第一個好處，是不會再許荒謬的願望。

「全世界的錢都是我的」「每個人都愛我」「長生不老永遠十八歲」，這些多說無益的願望，留著當應酬話，被眾人圍著吹生日蠟燭時說說就好。

「好想喝杯奶茶」的同時，想「怎麼能喝到」。

「好想去歐洲」的同時，想「怎麼能找到機會去」。

這個習慣，會打消一些念頭，但一定也會促使很多本來想想算了的事，忽然就有了踏出第一步的清晰想像。

3. 不是養成新習慣，是改造舊習慣

習慣會不會一直延續，要看我們的心思是不是一直在那件事上面。

✦

新習慣也許沒有那麼難養成，但主要是舊習慣根本去不掉。**除舊布新這種話，用在清潔大掃除還可以，要用在習慣方面，實在做不到。**動不動就說要建立新的好習慣，去掉舊的壞習慣的這種許願風格，就跟選美比賽中，選手手比心形巧笑倩兮說我願世界和平是一樣的意思，大家圖個吉利，不必認真。

「我小學六年級那陣子，每天都一直咬手指甲。」她說。

「你只要說『咬指甲』就好了，不必說咬『手指甲』。」我說。

「我不說，你怎麼知道我咬的是手指甲還是腳指甲？」她說。

她還真的在大庭廣眾之下就脫了鞋子，害我緊張了一下。

幸好她只是嚇嚇我。哼哼，我看一眼她的腰，判斷技術上她不會有咬腳指甲的習慣。不說還真看不出來，她是一位畫家，專門畫衣服穿很少的夢幻帥哥。

她應該算是肉食動物那一邊的。

「那你現在還咬指甲嗎？」我問。

「不咬了。」

「什麼時候開始不咬的？」

「早就忘了，好像上中學以後就不咬了。」

「改成咬什麼了呢？」我問。

「不關你事。」她說。

「本來就不關我事，是你自己要講咬指甲的事。」我說。

「我只是要告訴你，舊的習慣雖然戒不掉，但舊習慣它自己會消失，不知不覺間就消失了。」

是啊，很多舊習慣會消失。

我念小學時，每次寫作業，都要把作業本的四個角角都用手指確切的捏一遍，才能開始寫作業。這習慣大概維持了一年，也不知道是怎麼消失的，你現在叫我每次看書，把書的四個角角都捏一遍，我才沒那個耐心。

打開心思的水龍頭，注入新的水滴

習慣會不會一直延續，要看我們的心思是不是一直在那件事上面。

青少年時，外貌在經歷大幅變化，我們會一直盯鏡子，檢查自己的皮膚、頭髮；長大了，外貌大致底定了以後，我們照鏡子的頻率會降低。

我的心思都在作業上時，很隆重的想靠「捏角角」去搞定作業，或者就是潛意識對作業本「感到不安」，都是可理解的事。

等到其他更重要的事，占據了心思，這些習慣就不知不覺的消失。

成年以後，我們很多人的生活陷入重複，沒什麼變化，心思始終停留在同樣的地方。也許從三十歲到五十歲，不安的跟在乎的，都老是那些同樣的事，生活沒變化，心思沒變化，一直以來已經形成的習慣，也就很難有變化。

有些人有小孩以後，就不抽菸了，因為做爸爸的心思，蓋過了原本一心要抽菸的心思。有小孩，是生活上巨大的變化，舊習慣也就有了改變的機會。

離了婚才開始酗酒，動過大手術後才開始健身，都是因為生活的變化，帶來心思的變化，使得習慣也有了變化。

轉移心思是一念之間的事。但雖說是一念之間，卻不等於一瞬之間。習慣不可能在一瞬之間形成，也不可能在一瞬之間消失，習慣是「一念之後，接著一念，接著一念……」，一念接著一念，像水一滴接著一滴的，新的心思才會形成新的習慣，蓋掉舊的習慣。

不必故意去離婚或動手術，而是打開心思的水龍頭，把新的水滴，滴到舊的池子裡，讓池中的水改變。

一點一滴的調整心態，直到養成新習慣

酗酒或吸毒的人，參加勒戒者的聚會，一直訴說自己酗酒吸毒的來龍去脈，就是在找那個引起酗酒吸毒的「心思」

如果不刻意去找，我們對自己的各種習慣是怎麼來的，一定很少察覺。或者說，我們隱約知道，但不想面對。

隨便想想，應該也能判斷出酗酒吸毒這些習慣，是源自什麼樣的心思～

逃避柴米油鹽的生活，厭倦毫無樂趣的生活，不想跟人打交道，不知道活著要幹嘛……

這些「心思」很奇特嗎？

不奇特。

這些心思，我們也都有，跟酗酒吸毒的人比起來，大概只是程度的不同。

他們可能每分鐘都這樣覺得，我們可能每個月有幾天這樣覺得。

不是心思不同，只是程度的不同。

而這程度的不同很重要，這程度的不同，使我們沒有形成酗酒吸毒的習慣。

我們另外有我們的習慣，我們雖然不酗酒吸毒，但可能暴飲暴食，可能囤積東西，可能一打麻將就三天不下桌，一打遊戲就六親不認。

拿我們去比，比起那些不暴食、不囤積、不打牌、不打遊戲的人，也仍然不是心思不同，只是程度不同。

他們的程度更輕，讓他們沒有形成那些習慣。

我們要的，就是調整心思的程度，一點一點的調，一滴接一滴的滲透。然後，形成新的習慣，取代舊的習慣。

4. 行為軌道不必重鋪，只需繞去新的站

——真正關鍵的是：你已經為自己做出抉擇，這個開關一旦打開，你就取回了主控權。

✦

「我不是到了比賽前，才給自己加油打氣。我是每次練習的時候，腦子裡就播放同樣的影片，這個腦中影片的每個畫面都設定好，依照順序播放，什麼樣的節奏，適合什麼樣的位置，什麼樣的呼吸，帶動什麼樣的動作。

我平常練習時，就在腦中播放這個影片，身體就照著影片行動，到了比賽那天，我腦中仍然播放這個影片，身體也仍然照著行動。」

這是奧運游泳項目的冠軍菲爾普斯M.F. Phelps，跟他的教練一起研發的，引領他行動的心法。

他的心法，就是這段按部就班、流程固定的腦中影片，用這段鐵打不動的畫面占據腦

子，不留任何空間給那些「天哪，全世界都在看，好可怕」「練習了四年，萬一等下嗆到怎麼辦」「聽說對手超強的」「媽，我終於參加奧運了」「拿到金牌以後，我一定要掛在脖子上去逛街」……等各種雜念。

重大比賽帶來的壓力，聽說競爭對手出了什麼奇招，本來因為上述種種原因而可能浮現的紛亂念頭，都被這段腦中影片導回正軌。

這種心法的功能，就像你想從A點到B點，然後你永遠只賣直達的火車票，中間什麼站都不停，窗外的風景順序總是一樣，沒什麼可三心二意的，就算窗外經過一隻恐龍，你也還是維持一貫的速度前進，不會為了看恐龍而停車。

分心是人的天性。必須全神貫注時，不要給自己分心的機會。

行雲流水，就依序自動完成了

也許看我書的人當中，真的有奧運選手，但大部分人跟我一樣，這輩子不會參加奧運。如同這本書的立場，我們沒有要當什麼偉大的人，沒打算當蝙蝠俠和米開朗基羅。

但其實這種「腦中播放影片，身體跟著行動」的心法，在你我凡人的生活中也很常見，沒什麼神祕的～

只要是開車開得行雲流水的，化妝化得行雲流水的，都跟這位奧運冠軍一樣，想都不用想，順順的就把該做的事給做完了。

不擅開車的人，發動車子也要唸唸有詞，坐上駕駛座一下調椅子一下調鏡子，倒車時沒辦法同時繼續聊天。這表示他在每一個可以遲疑的地方，都要遲疑一下。但即使是這樣的駕駛，只要車子開久了、開熟了，應該就會在自己都沒察覺的情況下，成為一個「腦中播影片，身體跟著動」的駕駛。車門關上的聲音、儀表板亮起的燈號、手握上方向盤的觸感，每個腦子會收到的訊息，都成為那部腦中影片的環節，依序發生。於是他可以一邊跟你聊天，一邊行雲流水的倒車、上路，加入馬路上的車流，沒有空出容許遲疑的空隙。

擅長化妝的人也是這樣，一邊跟你聊天，一邊刷子眉筆此起彼落，行雲流水的就把妝化成了。

這個過程並不追求快，這個過程追求依序發生，沒有遲疑，不必判斷，準確實現每個環節。

開車或化妝的高手，不見得是有意識的形成什麼腦中影片，但就是在日益熟悉那件事的過程中，每個細節都會鑲嵌到位：眉筆的觸感、粉撲的輕重、眼影的濃淡，每個細節都使這支腦中影片更準確、更鮮明、更流暢。

到了最後，你能夠「自動完成」這個過程，同時還有餘裕跟旁邊的人聊天。

✦其實你已經自行搭建軌道

我們只是每天開車，每天化妝，熟練到不行，才達到這個境界。也就是因為根本沒有察覺什麼腦中的影片，所以，我們並不知道其實手邊已經掌握了這種「自己搭建軌道」的方法。

也許，開車高手卻一直苦於戒不掉抽菸，化妝高手卻一直苦於戒不掉吃消夜。抽菸或吃消夜，不可能是一個獨自存在、沒有前後的行為。對抽菸之樂的形容，常常是「什麼什麼之後」，來根菸的樂趣。而問起吃消夜的原因，也常常是「老娘累了一天，就剩睡覺前這麼點樂趣」，都是有前導又有後續的行為。

我們每天的行為都是一連串的，有前面有後面的。這些行為不是我們有意識的判斷之後的選擇，而是無形中已經鋪好的軌道沿途的一站又一站。

為自己做出選擇，就找回了主控權

研究習慣的學者，會提醒我們：

戒掉舊習慣，建立新習慣，有時非常困難，因為等於拆掉舊軌道，鋪設新軌道。

那麼，我們姑且不要想怎麼改變習慣，而是想：怎麼對那支腦中的影片，動些手腳，移花接木？

想像腦中的行為影片，對影片的開頭維持不變，但當某些信號出現時，讓這個信號銜接上新的行為，也就是不要企圖拆掉整個軌道重蓋，而是在原本的軌道開始之後，把軌道繞開原本會停的站，繞去另一個新的站。

吃飽之後，本來一定來根菸，現在收到「吃飽」這個信號之後，把軌道繞去「喝茶」，而不是「抽菸」，就這樣一再重複，把腦中播放的影片，偷換一小段，以形成新的版本，試試看。

也許不一定很快見效，但真正關鍵的是：你已經為自己做出抉擇，這個開關一旦打開，**你就取回了主控權，不再任由無意中形成的習慣，一直牽著你的鼻子走。**

5. 能混過去的事要充分利用

你在乎什麼事，就不要在那件事上用混的。剩下的事，就可以混。

一邊彈性的打工，邊等拍戲的機會，這是很多演藝新人的生活方式。如果上班時間固定，那麼一旦有戲或廣告要去面試，就沒法安排。因為心放在表演上，打工的部分，通常是能交差就好，不太會拚命的力求表現。要不然如果「不幸」得到升遷，可就離表演工作更遠了，算是某一種本末倒置。

「我最近把店裡架上的零食，整理得太整齊，被店長表揚了。」他有點沮喪的說。他在演藝工作上算是新人，但已經接近三十歲，某些經紀人會認為以新人來說，有點老了。

年紀的事，就已經值得新人焦慮，沒想到他現在又多了一個焦慮的點：工作太投入。

「其實以前打工都超混的，也沒什麼不安的感覺。」他說。

真是只能為以前聘用他的老闆們略感抱歉。

✦把「面面俱到」當作「萬事如意」的春聯就好

工作本來就是這樣，少數的重點做好，剩下的部分用混的，混得過去就行啦。

那可不可以，整個人生都用混的混過去？

當然可以啊，很多人也這樣做了。

這樣混過去的人生，執行起來沒問題，只是你要接受整個人生的滋味也混成一團，感情也混成一團，內心也混成一團。

這些混的人當中，有些人會在某一刻醒來，問出很經典的那句話～

「我怎麼會活成了這樣？」

不管那人在幾歲問出這句話，都不會太遲。

不會太遲，因為問出口的那一刻，永遠是我們剩下的人生中，最年輕的一刻。這怎麼會遲？

一輩子都不醒來，都不問這句話的人，也很多。

但會看這本書的人，不是打算整個人生混過去的人。

會看這本書的人，比較像前面出場的那位打工的男生：知道混日子是一定要的，只是要選一下，什麼事用混的，什麼事不用混的。

沒有人可以面面俱到，也沒有人應該面面俱到。

認真打算要面面俱到的人，很可能對人生有什麼誤解，要不然，就只是在制定一個不負責任的計畫。

老闆或師長可能期望我們面面俱到（抱這種期望的老闆或師長，也是對人生有誤解），我們收到這種期望，就跟過年看到「萬事如意」的春聯一樣，姑且收下，真的想向對方證明自己的話，當然是盡力而為。但你心裡也知道，你只會在最重要的方面盡力而為，其他方面，混過去就好。

不在場時，希望別人怎麼提到我

什麼事，是我們真的在乎的事？

只要想這一題：「我不在場時，我希望別人怎麼提到我？」

「啊？你是說蔡康永那個很臭的傢伙嗎？」

這表示我很在意自己臭不臭這件事，在意程度，超過了我窮不窮或者笨不笨。我應該會努力讓自己變香，來防止別人在我背後，優先用臭傢伙來定義我。

你在乎什麼事，就不要在那件事上用混的。

剩下的事，就可以混。

很多人老是歌頌母愛，用的字眼都非常嚴重～

「母愛是毫無保留的」「母愛最偉大」「世上只有媽媽好」……之類的。

這些歌頌的話，令我為媽媽們捏把冷汗。

有個媽媽就跟我說，有時候自己想吃個紅豆麵包，經過店裡就買了一個，回家泡了杯咖啡，正要拿出紅豆麵包來配著吃，結果看到小孩在房間裡玩，這個媽媽竟然內疚得躲到隔壁房間去關上門吃紅豆麵包，邊吃邊感到罪惡。

「你幹嘛這麼神經？」我問。

「因為母愛毫無保留呀！我怎麼可能自己吃紅豆麵包，不管小孩吃什麼？」這位媽媽說。

我相信很多媽媽沒這麼神經，能夠大喇喇的在孩子面前吞下整個紅豆麵包，一口也不分給小孩。但也有不少媽媽被這樣的緊箍咒套在頭上，一個人獨吞紅豆麵包會內疚。

「混」就是有用的巔峰

如果你不在場時，會希望別人提到你時說：「她是一個很棒的媽媽。」那就是你不打算混的事情。既然不打算混，那就認真看待。所謂認真看待，關鍵就是你要定義「很棒」的媽媽，是什麼樣的媽媽？

很棒，不等於毫無保留。

一輛很棒的車，不是毫無保留的車。一隻很棒的海豚，不是毫無保留的海豚。

可以做到很棒，但是，是照你定義的棒。

前幾年有齣日劇叫作《月薪嬌妻》，日文原劇名是「逃避雖然可恥，但是有用」。其實世上可恥又有用的事可多了。

「混」就是可恥又有用的巔峰以及日常。

訂下目標的同時，理解到其他事都可以用混的，會喚起分額以外的熱情。

熱情跟價值觀，是互為因果的。熱情會帶來「活著真值得」的信念；倒過來也一樣哦。

6. 不累的小改變，比累死人的大改變，容易發生

——爛工作是沒有脫身機會的工作；不那麼爛的工作，是起碼有一些脫身機會的工作。

✦

她個子很高，高到很難找到人站著接吻。

她在一家找工作的網站上班。她的工作，是幫人找工作。但她覺得他們家網站對各種工作的分類，不怎麼符合大家真正的感受。

「那你覺得應該怎麼分類呢？」我問。

「可以分三大類：爛工作，爛到沒人想做的工作，以及，不那麼爛的工作。」她說。看起來也不是故意搞笑。

「出錢在你們網站登徵人廣告的各家公司，應該不會同意你這個分類法。」我說。

「情商不是說我們要『明白』嗎？」她問。

「也要『恰如其分』呀，哈哈哈。」我冒著冷汗回答：「把人際關係搞壞，後果也是要自己承擔啊……」

動物是不工作的。工作的動物，在我們眼中比較像生產設備，而不是有面目有個性的動物，比方供應牛乳的牛，供應肉的豬。

工作跟金錢，都是我們人類搞出來的東西，最後也都成了我們大部分人類的主宰。再怎麼會跳槽的人，看起來雖是一直在換老闆，但再怎麼換，永遠逃不過「工作」。工作本身就是最大老闆。

✦有脫身的機會嗎？

很多人不喜歡自己的工作，很多工作也確實不討人喜歡。

如果要分辨「爛工作」跟「不那麼爛的工作」，我唯一能給的建議是：

爛工作是沒有脫身機會的工作；

不那麼爛的工作，則是起碼有一些脫身機會的工作。

即使容許脫身的機會很小，小到像石縫之間滴下來的水滴那麼小，它依然能使一個看似很爛的工作，變得不那麼爛，起碼它容許我們做選擇。

當兩個工作看起來一樣爛的時候，唯一能比較的，是那個工作所能碰到的人，能不能帶來脫身的機會。

如果工作甲能碰到的人，只有同事；而工作乙能碰到客戶或者顧客，工作乙應該是比較不爛的工作。

畢竟同事跟我們的處境一樣，如果有脫身的機會，同事會自己先拿下這個機會。而客戶或顧客，跟同事的立場截然不同。我們如果尋求的是脫身，那就是要接觸欄杆的外面，而客戶或者顧客就代表外面。

人生不是二選一，是在千百個可能中選一個

我們喜歡什麼樣的故事，市面上就提供什麼樣的故事。

這些誇張的故事，常常讓我們以為所謂的選擇，永遠是在兩個極端之間選一個：做好人還是做壞人？發財還是窮困？家庭美滿還是家庭不幸？

但實際上，人生的選擇不是二選一，而是在千百個可能當中選一個。

選了之後，能感受到的差別，可能也只是百分之十的差別，而不是天壤之別。

細微的差別，會一步步累積成改變。

不那麼費勁的改變，一定比累到快往生的改變，更容易發生哦。

如果我們的工作本來就能接觸到外面，但仍然覺得這工作很爛，那就尋求另一個工作，可以接觸到更廣闊的外面。

所謂的外面，提供的未必是機會，有時提供的是啟發和刺激，讓我們不至於困死在封閉的爛工作裡。

當然，一定也有不少人的工作很不錯，做起來能有成就感。那很值得恭喜，工作如果提供了成就感，就會讓我們在當下也能覺得自己活著，而不只是一具生產設備。

情商的關鍵，是水滴般的累積，不是一躍過龍門，那些一步登天的美麗傳說，確實會發生在某些人身上，但通常那樣的故事，背後總是藏了不少其他的原因，只是被講得像一步登天而已。

7. 丟就丟，不用把感情寄託在東西上

不要老是把東西扯上感情，如同想上廁所就去上廁所那樣，不經思慮就能進行的事，比較有機會長期的、自然而然的做。

被稱為「奇幻仙俠劇反派擔當」的大姊大演員，劇中總是令人又怕又恨，但真實生活中是既不精明，也不整齊。

她請我去她家玩的時候，雖然已經事先一再的警告我：「我家很亂喔，非常亂。」但當她打開大門時，我還是倒吸了一口氣。

玄關似乎有三雙拖鞋，藏在她的運動鞋與高跟鞋之間，但比較準確的說法，不是三雙，而是六隻各自為政的落單拖鞋，技術上當然也能實現拖鞋的功能，不堅持左右腳一樣就好。

還在換拖鞋時，一隻巨大的黃金獵犬衝出來，挑了一隻高跟鞋就開心的趴下，開始大嚼特嚼。大姐大演員一邊佯裝尖叫的阻止，一邊向我介紹狗名叫銀絲捲。

銀絲捲起身歡迎我這個客人，順便撞倒了一落本來就搖搖欲墜的空紙箱。

「你東西很多呢。」我說。

「哈！康永，你知道那位有名的，教大家斷捨離的整理女王，前陣子接受訪問的時候，好像說她有了三個小孩之後，已經漸漸沒力氣整理家裡了？」她說。

是的，我當時也看到了那篇訪問。似乎全世界家裡很亂的人看到訪問後都鬆了一口氣：「啊，你看，連她也扛不住了呀……」有一種天下大赦的氣氛。

這位教導我們斷捨離的專家，有小孩之後，家中難以繼續維持整齊到足以符合她往日嚴苛標準，她能夠大方的在訪問中承認，應該是已學會輕鬆看待了。

可以說她豁達，也可以說是妥協，或者累了，其實都是同一件事。

一有儀式感，這件事就被高高的「供」起來了

很用力的標榜某一件事，標榜自己是某一種人，這在我們人生某個階段，都是必經之事，甚至是當時必要的生存依據。但，隨著人生變化，本來在自己優先順序表上的前三事項，當然可能跟著改變。

越是被我們列在前三優先寶座上的事項，最好越能夠輕鬆平常的對待，這樣比較可能長

期的維持住。

大家有時愛講生活中的儀式感，像「斷捨離」三字就非常有儀式感。但一有儀式感，這件事就被高高的「供」起來了。而最重要的前三件事，應該是「放」在表上，不是「供」在表上的。

熱戀中的人，一定會把愛情，或是愛的那個人，「供」在最重要的前三名，甚至供在第一名。

愛得水深火熱、死去活來一陣子之後，要不就分了，要不就繼續在一起。

繼續在一起的，自然而然就會改變戀愛的熱度，由死去活來，變成大家都好好活著。

有人因此感嘆愛情變淡了，但大部分人會覺得這種日常生活的愛法，滋味如水，才是生活。死去活來的愛太燃燒了，長期的死去活來吃不消，也不再那麼有趣。

把愛情「供」在前三名，難免太隆重的對待。太隆重，就會太麻煩。

把愛情「放」在前三名，反而比較能持久的隨時感受，常在身邊。

斷捨離大專家近藤麻理惠在節目裡指導我們丟東西時，用了一些迷人的儀式，例如～在住了很多年的屋中，選一個最有感覺的角落，跪下來行禮感謝這棟房屋；或者，對著堆成山的舊衣服，回想這些衣服參與我們生活的重要時刻，她建議我們巡禮過這份回憶之後，就可以略帶惆悵的送這堆衣服上路。

在節目中看到這些生活儀式，當然會感動，但也同時覺得：以我看待生活的態度，這樣太隆重了，做一陣子大概就會嫌麻煩。

「斷、捨、離」，這三個字都是很隆重、飽含思慮的字眼，雖然掛在嘴上很顯深度，但放在生活中，好沉重。

也許，把東西盡量當成是東西，而不是感情的寄託。想丟東西時，簡單的跟自己約好：發生A，才可以進行B，例如：先丟掉兩件上衣，才可以買一件上衣；先送掉兩個杯子，才可以收下一個杯子。

最沒效率的大掃除，就是一邊清理、一邊懷念，結果百分之九十的時間沉醉在回憶中，只有百分之十的時間在丟東西。

不要老是把東西扯上感情，如同想上廁所就去上廁所那樣，不經思慮就能進行的事，比較有機會長期的、自然而然的做。

不用要求自己有恆心，而是幫助自己養成慣性。

8. 夢想不是主食，只是調味料

比起追逐夢想的能力，還是平常就能感受生活的能力，要實惠多了。

「我根本沒有夢想，康永。」他說。

他是十多年前那個有名的歌舞選秀節目的第八名，也許是不太會被記得的名次。

但他的運氣很好，參加節目之後，演到了受歡迎的劇，從此成了演員，不再唱歌跳舞。

「你以前參加選秀節目的時候，可不是這樣說的。」我回想往事。

「人在台上，攝影機對著，那些大牌老師問你有什麼夢想的時候，你說得出口『我沒有夢想』嗎？」

「確實說不出口。」我說。

「我當然想過好日子，但那也不算什麼夢想，大家都想過好日子吧，不是嗎？」

「你知道牙膏這東西當初剛問世的時候，大家都不買，因為當時的牙膏根本沒味道，裡面就只是放了必要的清潔成分，拿來刷洗牙齒好像拿清潔劑刷牆壁一樣，很無聊，像在勞動。」我說。

「不是在講我沒有夢想嗎？怎麼忽然講起牙膏來了？」

我沒理他，繼續講我的。

「後來製造牙膏的人就去訪問顧客們要怎麼改進，大家想了一陣子，覺得既然是在嘴裡進行的事，應該要在嘴裡有個完成某件事的信號，於是在牙膏裡加了辛香味，在刷牙完畢的時候，嘴裡感覺辣辣涼涼的，這樣就有了明確的『刷完牙了』的信號，而且牙膏在嘴裡的存在感增強，買的人才會覺得有用牙膏，這錢花得值得。」

感受到活著，比夢想更實際

現在老是被標榜的所謂夢想，就是牙膏裡的調味劑這種東西，沒事提個幾句，人生感覺強烈一點，但其實沒有也完全可以。

夢想，是動漫主角、選秀選手必須掛在嘴上的。現實中的人能夠覺得自己有夢想也是很好，但請了解我們跟夢想的關係是很彈性的：為了夢想要用多少力，有各種用力的程度可以選，斟酌著用力就好。

沒有夢想，應該是更接近我相信的好好活著。

活著會有喜怒哀樂，這些感受是人類慢慢形成的。這些感受不用花錢，不請自來，好好去體會這些喜怒哀樂，是最划算、最方便的感到自己活著的方法。

或者，應該這樣說：**比起追逐夢想的能力，還是平常就能感受到正在活著的感受力，要實惠多了。**

如果覺得活著已經夠我們忙的，酸甜苦辣已經很豐盛，就不用特別在意夢想這樣的調味料，沒有也沒關係的。

9. 能夠給別人的，才算是自己有的

想到的道理、學到的知識，都把它使出來，
這是確保自己真的學到了的簡單方法。

桌上放了一道菜，是「臭豆腐乳烤鮭魚」。

我不知道世界上有這道菜，這道菜是我的好友衣淑凡發明的。

我吃了一口，很難吃。我掩蓋不住表情，吐了吐舌頭。

「很難吃呢。」我說。

「我想也是。」衣淑凡說。

「那你幹嘛還做出來？」我問。

衣淑凡笑了笑，把我之前出過的兩本講情商的書，從她的書架上抽出，推到我面前。

「康永，那你幹嘛寫這些書？我知道這些寫起來也是很費力的。」她問。

我看著面前的書，想了一下。

「我其實是希望幫我自己想得更清楚，活得更好。」我說：「如果不好好寫出來，我會搞不清楚，我自以為我知道的這些東西，到底管不管用。」

「你要寫出來，才知道它到底管不管用，對吧？」衣淑凡問。

「是。」

「所以我如果不把臭豆腐乳烤鮭魚做出來，我怎麼會知道它到底好不好吃呀?!」

學到東西後，試著輸出

我們以為想通了的事，其實常常只是自以為，一旦要清楚的講出來，甚至還想要說服別人照著做，而別人搖頭說行不通時，我們才會發現，我們只是聽進去了，只是存在腦子裡了，但其實根本沒想通。

應付考試也許可以，使用在生活上恐怕就沒用。

要學到東西，就要在輸入完之後，試著輸出。

輸出的對象未必是別人，可以像我寫書或者平常寫些句子那樣，首先寫給自己看。

我看了覺得對自己有幫助，就比較可以相信我弄清楚了這件事，然後，我也就可以不必那麼在乎別人的反應。別人如果有跟我類似的困擾，自然也會覺得有幫助。

確保自己真正學到的簡單方法

這是一個很多人可以輕易大量表達意見的時代。也許很嘈雜，但起碼提供了每個人大量輸出的訓練機會。

有些人往腦子裡輸入一大堆東西之後，能夠輸出為明快又有風格的內容，這些人會相對受歡迎。

有些人因為搞不清楚輸入了些什麼，但又必須倉促的輸出，就會不知所云，也談不上風格，當然比較難號召讀者觀眾。

想到的道理、學到的知識，有任何感受，都把它拿出來摩娑把玩、做出東西、寫成文字、講成一段話，都好，這是確保自己真的學到了的簡單方法。

自言自語也有高低之別的。網路上看起來大家都在自言自語，但你的自言自語卻能促成自身有效率的學習，那是非常有價值的自言自語。

10. 找到同族的人，而且最好是有成績的同族人

你如果能找到你的族人，可以在一瞬間由受盡嘲笑的醜人怪人，變成大家追捧的、最漂亮的人。

一個小男孩，凸眼巨耳，一直被同學笑他醜怪，每天上學都很痛苦，沒想到有一天，政府要員來學校，叫這男孩當交換學生，要換到另一個有邦交的星球去。

到了交換那一天，小男孩準備好要出發了，外星球的飛碟抵達，飛碟門打開，走出來的是外星球派來地球交換的男學生，這男學生俊美無比，但負責送他來地球的一眾外星人代表卻不斷向地球官員致歉，說他們送來這男孩因為醜怪，在學校實在很受苦，男孩的家長就苦求外星政府把這男孩送到地球當交換學生。

相對的，這些外星人代表，一見到地球派出的醜怪交換學生，立刻歡然，不斷的讚賞世上怎麼會有如此俊美的男孩，男孩又驚訝又感動，快樂又激動的含淚登上飛碟去了。

這是二十世紀中葉的一個美劇《陰陽魔界 The Twilight Zone》其中經典的一集。

你如果能找到你的族人，可以在一瞬間由受盡嘲笑的醜人怪人，變成大家追捧的、最漂亮的人。

研究創造力的專家肯．羅賓森 Ken Robinson 說，「族人」就是「跟你有相同興趣和熱情的人。」

他說找到了族人，會成為重要的靈感來源，尤其是族人之中，有些人已經有所成就，那些成就一定會啟發我們，拓寬我們對自己的想像。

11. 想動心，就先取個會讓自己動心的名字

對於可以想辦法做到的事，如果取個名字，就可以發揮「歷歷如繪」「生動逼真」的效果。

✦

不斷養大狗，多年來養了超過五十條大狗的汪士弘，又帶了兩隻幼年的羅威納犬回家。汪士弘養過太多狗，已經快要想不出給狗取什麼名字了，後來就衍生出不同的名字系列。他最近採用的是「想吃但還沒吃到的東西」系列，所以新到的狗狗就得到了「糟蛋」「臭冬瓜」等名字。

雖說只是隨口取的名字，但不可否認的，仍是「包含了願望」的名字。而願望是有力量的。

對於某些願望，我們無能為力。比方，以前的人動不動把女兒取名為「招弟」，結果招不到弟，仍然招妹，那也沒辦法。

我爸給我取名「康永」，當然是希望我健康永遠，但這願望也是注定無法達成，該病一樣要病、該死一樣會死。

可是，對於可以想辦法實現的計畫，如果給這計畫取個好名字，腦中就會有畫面，就可以發揮「歷歷如繪」「生動逼真」的、吸引我們邁進的效果。

盡量讓目標融入生活，而不是高高懸掛

人才培訓專家吉井雅之，就有個有趣的建議，他說一般理財專家，都會提醒大家要養成存錢的習慣。

他建議這個用來存錢的帳戶，可以取個「代表願望」或「爽快宣示目標」的名字，比方「給媽媽換新裝潢」帳戶、還是「四十五歲就可以辭職」基金，都能讓想過的生活、更加生動的浮現腦中，大大增加邁向目標的動力。

要養成習慣，就是要對目標的描繪越清晰越好。

與其抽象的說減肥，不如把要勾引某人時必須穿的窄裙掛在一打開衣櫃就會看到的地方；與其抽象的說戒酒，不如把上次喝醉摔斷門牙的可憐照片貼在手機殼背上；

盡量讓目標融入日常生活，而不是把目標高高懸掛在不特地去看就看不到的地方。

12. 不翻舊帳，比較會發財

——「只看現在莫回頭」不只適用於理財心法，也適用於生活。

✦

「所有跟錢有關的決定，都應該看現在，而不是看過去。看過去，很容易犯錯。」約先生這樣說。

約先生名字的第一個字是「約」，所以稱為約先生。他是我朋友之中頂尖的智多星，切入事情又快又準確。

「那就來取個名，叫作『只看現在莫回頭』法，如何？」我說。

約先生大笑。

「康永，有關股價漲跌的報導，常常喜歡說哪位大老闆，今天瞬間身價暴增、超過幾百億，或者身價暴跌，三天內資產縮水兩倍。」約先生說。

「是啊，常看到這種報導。」

「那你覺得這些有錢人，心情也會跟著身價的漲跌，而暴起暴落嗎？」

「這個嘛……應該不會吧，不然股價忽上忽下，他們心情也忽上忽下，會累死吧。」

「那他們是怎麼做到，心情不隨股價上下的？」他問。

「是……修煉嗎？」

「應該不是修煉，富豪並不一定有什麼人生智慧，而是，他們根本不用那種方法去算自己的身價。」

「怎麼說？」

「你說一個人三天內身價跌了兩倍。那個人他只活這三天嗎？」

「當然不會只活三天。」我說。

「就是啦。一篇報導可以說某某人『從三十歲開始，身價漲了千倍』，也可以說他『創立公司以後，五年內賠了十億』，一個人的身價，到底從哪一天算起，算到哪一天為止，根本是隨便報導的人說。」

「確實。」

「所以，這些被報導的大老闆，就算真有什麼感觸，也不會是由這種隨興的角度出發。也許三天內是縮水了兩倍，但那些人又不是只活這三天，可能三年內漲了五十倍，那這三天的縮水有什麼關係？他們根本沒辦法採用這麼隨便的計算方式。」

「反正他們是有錢人，拔一根毛都比我們的大腿粗。」我說。

「話倒不是這麼說，我建議的『只看現在莫回頭』法，不是針對有錢人，而是適合任何人。」約先生說。

生死關頭，立刻分出輕重

如果我們手上有值錢的東西要處理，只應該想「現在」的正確處理方式，而不是翻舊帳，去查它們三年前值多少錢，三個月前值多少錢。不管它們從前曾經值多少錢，那個時間點都已經過去了。

值錢的東西，可能是房屋股票，也可能是古董珠寶。買進這些東西時，花了多少錢，那已經是過去的事。

要正確的處理這些東西，只能根據現在的情況來判斷。一百元買到的股票，現在只能用七十元賣掉，一定很肉痛、很懊惱，可是如果知道現在不賣掉，明天它就只值六十元，那麼今天賣就是正確的處理方式。對它當初的價值死抱著不放，無助於我們做出正確決定。

人在非常緊迫時，很容易就放下了「這東西曾經值多少錢」的執念：在沙漠快渴死的商人，會拿鑽石去換一袋水；逃難的人，會拿金條去換一張擠上火車的車票。

生死關頭，立刻能依照眼前的情況、分出輕重。

然而，在無常的人生，哪一刻不能算是生死關頭呢？

如果你同意「只看現在莫回頭」的理財心法，你可能會更容易對生活也練成「只看現在，莫回頭」。

13.
負責任的人之中，也有不累的

請你對自己也負責，人生只有一次，請你記得體會活著的滋味。

神仙常常耍賴皮。

孫悟空鑽進人家肚子胡鬧不出來，就是耍賴皮。

希臘神話有兩個超級大力士，也是耍賴皮如同小孩～

一個是肩上扛著地球的亞特拉斯，一個是嬰兒時就掐死蛇的海克力士。

亞特拉斯被天神老大懲罰，必須用肩扛住天空，後來的雕像就都雕成他肩上扛著畫滿星辰的天體球。

海克力士跑來拜託亞特拉斯幫忙去取金蘋果，亞特拉斯答應幫忙，奈何扛著天球走不開，就叫海克力士代扛一下，海克力士當然照辦。

等亞特拉斯把金蘋果取來了，卻不肯再把天球重擔放回自己肩上，這下海克力士可急了。

「這是你的責任耶！」海克力士肩扛天球、動彈不得。

「好兄弟，我扛得夠久了，實在受不了，拜託了，就換你扛吧。」亞特拉斯說。

海克力士不是笨蛋，他知道這下慘了，一旦此刻放了亞特拉斯走人，自己就要一輩子扛著這重死人的天體球，永難脫身。

「好啦好啦，我知道你累壞了，從此換小弟我為大哥分憂解勞，也是理所當然。」

亞特拉斯看他竟願意代勞，大喜過望，趕快貼心的問他，是否要替他把金蘋果送往何處？

海克力士正要開口，忽然痛到呲牙咧嘴，可憐兮兮的說：

「大哥，我肩頭有個舊傷復發了，但沒關係，我有一付墊肩膀的神物，待我去取來墊在肩上，就沒這麼痛了。」

當然，接下來你也能猜到，海先生去拿肩墊，把天球交給亞特拉斯扛一下。然後海先生就拿了金蘋果走人，留下亞特拉斯自己繼續扛。

兩個神互相耍賴，逃避責任。

人生沒有永遠丟不下的責任

我們多多少少都是不同程度的亞特拉斯，出生以後，不斷有人把責任放到我們肩上，不管我們喜不喜歡。

希臘神話從來沒有說過：如果亞特拉斯決定不扛了，把天體球丟到地上，會怎麼樣？依照神話的路數，應該就是天塌下來之類的大災難，但絕不會是亞特拉斯一個人的災難。

我們肩上所扛的責任，有一些一定非扛不可，如果丟地上，最慘的會是我們自己，那些是丟不下的責任。

除了那些丟不下的責任之外，剩下的責任大可以挑挑揀揀，把過時的責任丟開。在人生的不同階段，可以丟開的責任也會跟著改變。

常在戲劇中聽到的「我永遠是你媽」這種很有責任感的句子，雖然動人，但其實做媽的不管再怎麼堅持，也終究是有放下的一天。身體或心智吃不消時，只好丟下。就算硬撐到生命的最後一天，到了那一天，也還是只好丟下。

人生並沒有什麼「永遠」不會被丟下的責任。

請記得，**對肩上所擔的責任精挑細選，也算是一種負責任的態度，人的兩肩就這麼些力量，什麼責任都想擔的人，肩上的責任一定搖搖欲墜。**

✦自己，是你無法放到別人身上的責任

如果你自詡是一個非常負責任的人，容我提醒一句：請你對自己也負責。人生只有一次，請你記得體會活著的滋味，這是你無法放到別人肩上的責任。

最後有件憾事可以補充說一下：希臘神話裡，有個蛇髮女妖，她的眼睛跟誰對視，誰就立刻化為石頭，即使她的頭被砍了下來，這個「一瞪就石化」的威力仍在。

前面上場的、被迫一直扛著天球的亞特拉斯，有一天實在撐不住了，他終於拜託朋友把蛇髮女妖的頭取來，讓他可以靠著那一瞪就石化的魔法、把自己變成了石頭，這是他能想到的，由扛天重擔解脫的唯一方法。

雖然只是神話故事，我仍為他感到難過。

14. 樂趣是重要的生產力

不必把「樂趣」跟「快樂」畫上等號，
在種種的不快樂之中，我們還是會有樂趣的。

✦

酒鬼巨星今天的妝很淡，我以為她要從良了，倒了一杯茶給她。

「你怎麼可能認為我會喝茶？」

我把手上的平板拿到她面前。

「你看，這個研究報告說，不管怎麼樣，只要少喝一點酒，即使是一點點，也能相對的增進健康一點點。」我說。

她瞄了一眼報告。

「這報告是給本來就不喝酒的人看的。」她說。

「什麼意思？」

「如果是本來在喝酒的人，懂得喝酒的樂趣，就不會做出這種結論。」她說。

她起身去，給自己倒了一杯酒。

「樂趣對健康有多重要，你不知道嗎？把樂趣奪走，對健康會造成多大的傷害？那豈是減少酒精所得到的那一咪咪健康能抵得上的？」她看著杯中酒，大大喝了一口。

是啊。把樂趣拿走，豈只對健康的傷害很大。

把樂趣拿走，對一切的傷害都很大。

樂趣要靠自己去找

如果你工作的地方是公司，不妨隨手查一下「公司」的英文Company的意思，這個英文字的意思，是指軍隊編制中的「連隊」。

即使不查這個英文字，隨便看看公司管理方面的用語，也都是軍隊打仗的用語：「統御」「陣營」「補給」「戰略」「子彈」「戰果」。

公司是打仗的單位，追求的是戰果。在軍隊是不講樂趣的，而在公司上班，如果要找樂趣，我們要用自己的方法去找樂趣，公司並不照顧這方面的需求。

很多標榜創意與活力的公司，用亮麗的顏色刷牆，把會議室裝潢成可愛的洞穴，為員工準備可以小睡的小房間，名片上有卡通圖案。

在這樣的公司上班的人，我問他們有沒有覺得這些安排很棒？他們都回答我：上班就是上班，不管是坐地鐵還是坐五彩祥雲，都是去上班；不管辦公室播放的是電子樂還是嗩吶，都是在上班。上班的樂趣，不是公司安排的這些東西。

樂趣只可能來自一件事——有想做的事

那我們上班的樂趣是什麼？

回答這一題之前，乾脆回答再大一點的題目：

那我們活著的樂趣是什麼？

上班的樂趣，不會脫離活著的樂趣（除非我們是以死透的身軀去上班，那只能是在天堂演奏豎琴或在地下銀行數紙錢了）。

而樂趣只可能來自一件事～

有想做的事，然後每過一分鐘一小時一天，就多做到一點點，哪怕是只多了微不足道的一點點。

有人活著的樂趣是打遊戲，他想做的事，就是一直能玩到好玩的遊戲。每過一分鐘，他把手邊的遊戲打得更厲害一點；每過一天，他期待的新遊戲上市的日子就近一點，這就是他的樂趣。

有人的樂趣是吃零食，有人的樂趣是追劇，有人的樂趣是邊吃零食邊追劇，再趁空檔打遊戲。

這些都不是什麼了不起的事，只是人會想做的事。**想做的事能吸引我們想要去感受，就像想吃的東西能吸引我們去品嘗其中滋味。**

有感受，日子就會立體，不會淪為日曆上的一個數字。

在公司上班，樂趣也仍然來自一樣的來源：

有人上班想接近心儀的同事；有人上班想在不被抓到的情況下，摸魚摸到極限；有人想在眾人中樹立精英形象；有人想增加存款；有人累積自己的資歷，隨時要跳槽。

這些都是想做的事，都可以逐漸的，一步步的多做一點點，然後再多做到一點點。

這就是樂趣的來源。

雖然其中很多行為對公司沒有好處，甚至有壞處，但本來上班的人就是各有不同的出發點。

✦ 在痛苦中察覺到活著，而得到樂趣

有沒有人連打遊戲、吃零食、追劇，都沒樂趣呢？

當然有。

我也認得一些人，每天都說想死。

然而，他們並不會頭也不回的去進行要死的計畫，他們真正做的事，是默默的，很吃力的去對抗那個想死的念頭，繼續活著，繼續活著但同時又痛苦得吶喊著想死。

也許可以這樣說：他們想做的事，是一再測試自己抵抗死意的力量。是大聲的宣布了想死，但仍能不去死的控制力。他們精疲力盡時擠出最後一點力氣，擋住去死的念頭，不死。

欲望當中，生存欲是最本能也最重要的。失去生存欲，別的欲望也不可能存在。**能夠對抗死的念頭，繼續活下去，強烈或微弱的感覺到自己還沒死、還活著，這種生存欲的實現，也會帶來成就感**，這份成就感就是其中的樂趣。

不是笑嘻嘻的樂趣，是痛苦中察覺還活著的樂趣，有感受，有掙扎，還沒有心如死灰、完全放棄。喝酒即使喝到頭痛喝到吐，賭博即使賭到傾家蕩產，還是因為欲望得到了滿足，在痛苦中察覺到活著，而得到了樂趣。

得到樂趣，乃至一而再，再而三，樂此不疲。

✦樂趣應該被當成你付給自己的「酬勞」

樂趣應該被當成「酬勞」看待。不是公司付給你的，是你付給自己的。

樂趣應該被當成多少酬勞，那決定於當時我們的處境跟需求。對比於金錢酬勞，樂趣酬勞要占到多少比重，也決定於當時我們的處境跟需求。

反正，不能再把樂趣排除在酬勞之外，不能老是把樂趣當成次要的東西。

很多功成名就的人，常說「我做那事，不是為了錢」。這話常常是真的，雖然有時還是會被認為是得了便宜還賣乖。

他們會那樣說，往往是因為，那件事做起來，有說不清楚、但確實存在的樂趣。

請你也開始認真地看待活著的樂趣。不必把「樂趣」跟「快樂」畫上等號。

在種種的不快樂之中，我們還是會有樂趣的。

根源在於「想做的事」。

即使每天嚷嚷著好想死的人，他也有想做的事。他在嚷嚷中把死亡暫時推得稍遠一點點，呼吸得更用力，察覺自己還活著。

請別再忽視活著的樂趣，請好好把這份只有自己能支付給自己的酬勞，按時奉上。

跟自己，
一切好商量

1. 你以為隨口許願無傷大雅，其實是在給自己不斷的找敵人

——原本不是衝著你來的事，立刻變成都是衝著你來，這就是隨口許願的成本。

✦

「我希望明天颱風來，然後學校放颱風假。」桌遊社的郭同學說。

結果颱風來了，搞到郭同學家天花板漏水，但學校卻沒放颱風假，郭同學淋雨去上課，回家感冒。

本來颱風來了，就是容易會有漏水、淋雨這些事。如果郭同學不許願，一切就很日常，是大家都一起經歷一起承受的事。

但因為郭同學許了願，他跟這場颱風就竟然有了莫名其妙的「個人恩怨」～

他許的願不但沒實現，還彷彿被惡意捉弄似的，只實現了爛的那一半：颱風真的來了，但沒放假。

平日覺得許願反正不要錢，不許白不許，大事小事都隨口就許個願。知道是單純圖個說著爽的，那就還好。但有時候我們雖然語氣輕鬆、但隱藏的期盼仍是認真的。

許願「今年要把自己嫁掉」的，當下也許引起輕鬆笑聲，但總是懷抱一定的真心。

✦許願會引發生命力

為了真心在乎的事而許願，當然就是活下去的動力，那些是令我們活著有感覺的事情，要用盡各種方法，令這些事發生，這就是許願應該引發的生命力。

但其他各式各樣微不足道、與已無關的事，最好就不要任意許願了。因為許了願、然後不如意，難免就會莫名其妙的默默記在帳上。

我們的理智不會記這個帳，但我們的情緒會記這個帳。

許願被當成是一件沒成本的事。

噢，不，親愛的，許願是有成本的。

什麼成本？

「原本不是衝著你來的事，立刻變成都是衝著你來」，這就是隨口許願的成本。

分辨出「不是衝著我來」的事，會省下很多麻煩

生活中，衝著你來的事，還不夠多嗎？

經典小說《教父》的主角麥克．柯里昂，忽然從書中「轟」地冒出來，對我唸出他在小說中的名句～

「每個人一輩子每天都得吞下的每件狗屎事，都是針對那個人來的，大家都愛說不是針對你，但媽的就是針對你！」

麥克．柯里昂是殺人不眨眼的魔頭教父，他的金句肯定是血淋淋的人生證言，我在他的凌厲目光下戰戰兢兢，心中暗暗許願他趕快退回書中……

「連你也在亂許願！」教父一眼看破我，不屑的哼了一聲，轉身回書裡。

是啊，生活中本來就多的是各種麻煩，讓我們疲於應付。

這麼忙亂的生活中，如果能清楚區分出並非針對我，「不是衝著我來」的事，可以省掉很多情緒起伏。

有些爸媽看到小孩考試成績差或者房間亂，會在責備的時候自然而然的加一句：「你是不是想把我氣死？」

頭一次被這樣罵的小孩，應該滿頭問號吧？

我考得爛是因為沒準備、我房間亂是因為我沒整理，怎麼可能是為了「想把爸媽氣死」？

這樣罵的爸媽，當然是把一件原本「不是針對他們」的事，理所當然的看待成「就是針對他們而來」的。

你的「順」，可能是他人的「不順」

隨口許願的人，做的是一樣的事。

塞車有塞車的原因、下雨有下雨的原因，但我們隨口許願「不准給我塞車」「不准給我下雨」之後，塞車跟下雨的原因，都變成「就是要跟你過不去」了。

所以有些人累了一天下來，很容易講出這樣的話：「整天就沒一件事是順的。」「老天就是跟我做對。」

真的嗎？整天沒一件事是順的嗎？那這位抱怨者是如何平安回到家的呢？是如何還有能出聲的嗓子來大聲抱怨呢？

隨口許願是很小的事。

這本書希望能從小事看到自己很少去察覺、但確實影響著我們的某些態度，一點一滴的，讓我們越來越認識自己。

我不會許願天下人都看我的節目都買我的書，我也不認為別人不看我的節目不買我書，就是我的「不順」。

許願的人，心裡想的「順」，是非常霸道的。

我要走的路通暢就好，要塞車讓別條路去塞；

我考第一名就好，同學們只能考第二名到最後一名；

這樣叫做「順」的話，你的順，當然就是別人的不順。

怎麼可能有那麼便宜的事？別人不也都同時各自在許願嗎？

知道不可能有這種事，那又何必為這種事許願呢？

把「順」的荒謬念頭拿掉，自然就不會隨口許願了。

把願望留給真正重要的事，留給那些我們願意為了它付出代價，而不只是廉價的、隨口

說說就希望實現的事。

不要隨手丟髒衣服、就不會屋子裡滿地的髒衣服；不要一直許願然後一直失望，就不會得出「老天就是跟我作對」的結論。

2. 廣告鋪天蓋地，剛好供我們練習眼力

值得我們培養的能力，是挑選欲望、挑選價值觀的能力，不是唾棄所有欲望、推崇所有價值觀的態度。

「康永，我這一輩子，都在騙，騙你們買一堆根本不需要的東西！」她每次酒喝多，就要找人懺悔，她是非常受肯定的廣告片導演。

「說不定只是你覺得我們不需要，也許我們需要得很呢。」

她還是瞇著醉眼，繼續自責～

「不，沒有人需要這些東西，沒有這些東西的人，都照樣活得好好的。」她說。

「就算你不拍那些廣告片，大家也還是會大買特買各種雖然不需要，但覺得很需要的東西。」我說。

於是我們停止這個話題，各自舉起手中的雞尾酒。

我看了一眼她高高舉起的那杯馬汀尼。

「親愛的，沒有馬汀尼，大家也照樣活得好好的不是嗎？這也是大家不需要的東西吧？」

「不，康永，這是我需要的東西……」她大著舌頭：「我需要馬汀尼……」

欲望可能是騙你的，那又怎樣？

什麼是該有的欲望？什麼是不該有的欲望？

區分的那條線在哪？

有智者提醒我們：「買需要的東西，別買想要的東西。」

啊，我不知道你怎樣，但這條線對我是不管用的。

如果流落到無人荒島，這條線就很明確：能幫助在荒島活下去的，就是需要的，其他都只是想要的，不是需要的。

但，我們都不在荒島上。（起碼目前都還沒流落到荒島上，而且，荒島上如果能看到我這本書，那這島也是太給我面子。）

我們都生活在一個「欲望就是商機」的環境。吃喝玩樂怕寂寞愛漂亮，都被當成莫大的商機。就算是還沒產生的欲望，也常常在我們感受到之前，就已經先被催生出來～

我小時候被爸爸帶去看過一次特別的京劇演出，是一位有錢太太，很想登台演《貴妃醉酒》，但她的外型已不是很有魅力，表演實力更是不行，正常戲迷當然不會想看。有錢太太就動用大錢跟大人情，把當時京劇界絕對不同台表演的幾位名角，硬是湊成同台演《群英會》，這就造成了轟動，戲迷們把票搶購一空，有錢太太的《貴妃醉酒》跟《群英會》同晚演出，也就「順便」得到了滿場的戲迷觀眾。

錢多了，就會催生出種種本來也不會有的欲望。雞生蛋、蛋生雞，我們就在這蛋跟雞的欲海之中暈頭轉向。

為了有感覺的活著，就要選擇欲望

空調這東西本來是沒有的，一旦有了以後，我們希望它繼續進步，更省電、更安靜。火車這東西本來是沒有的，一旦有了以後，我們希望它繼續進步，裝更多人、跑更快。空調跟火車都是「沒有也可以好好活下去」的東西，但我們都會認為它們是必需品。沒有了它們，會覺得文明就沒了。

活在需求越來越多、欲望越來越難滿足的世界，就是接下去的人類生活。

沒辦法再用古代智者的標準，去定義哪些是所謂該有的欲望。

每個時代，都值得費心去找到我們「能感覺自己正在活著的」的生活方式。不是工廠產品似的被生產出廠，然後被薪水控制著上班下班的重複著，而是有感覺的活著。

不必否定欲望，也沒辦法否定欲望。

我建議看待欲望的立場，是選擇欲望。

依我們想要的生活去排優先順序，才會有熱情

廣告確實是催生了人類本來沒有的欲望，但除了廣告之外，其他那麼多「聽起來比較高級」的價值觀，難道不是被人用各式各樣的手法催生出來的嗎？

考試要考一百分？

嫁人就要嫁某某某那樣的男人？

死了要上天堂？

所有的價值觀，也都是根據想像而發展出來的某種欲望。

所有的欲望或價值觀，都應該以我們想要的生活為基準，去排優先順序，去挑選。只有這樣做，我們才有辦法立下目標，且對這些目標有熱情。

有些價值觀，確實使古人活得很像樣，但那是在他們的時代，他們依據自身需求，所做的選擇，他們可以把那樣的價值觀推薦給我們，但我們也要選擇。值得我們沿襲的，是他們對目標的熱情，未必是他們所設的目標。

有些欲望，確實是商人為了賺錢，把這些欲望描繪得燦爛美好。房地產商人總是給很一般的大樓取個氣派到令人失笑的名號，就是最常見的例子。但這些欲望之中，說不定有的還真能提供我們特別的力量或樂趣，不必一律以騙局去看待各種促銷手段，而是先弄清我們自身的需求，再去選擇。

耶誕老人是騙你的、每個人都有一個天使在保護你是騙你的、公主跟王子從此永遠幸福是騙你的、努力就會有收穫，善惡終有報……很可能都是騙你的，那又怎麼樣呢？

我們派不上用場的價值觀，有的人可能會用到，可能會靠著那虛假的希望撐過一次難關。**我們需要的「明白」，是明白自己想過的生活，而不是花力氣去一一否決這些信念。它們未必是錯，只是可能與我們無關。**

3. 連有腦子都嫌麻煩

——叫我們降低欲望，我們肯定不樂意，覺得是被逼著做的，但如果是減少煩惱，我們會覺得划算。

✦

頭髮已經接近掉光的動物學家，撐著拐杖走進來撞球館。雖然不良於行，撞球卻打得很好。

他一邊撞球進袋，一邊跟我聊天。

「老天真的很幽默，在最瞧不起大腦的動物體內，竟然能找到可能可以治療失智的物質……」他說。

「什麼叫作最瞧不起大腦的動物？」我問。

「這種動物，找到定點住下來，判斷不需要再移動，就把自己的腦子吃掉，以無腦的狀態活下去。」他說。

「什麼動物，這麼放得開？」

「海鞘。」他說：「一般動物要動，才需要腦子，如果不動，就用不著腦子了，去掉省事，不然為了養腦子，還要多吸收能量，容易餓。」

「餓就找東西吃吧，誰不是這樣呢？」

「海鞘不這樣。海鞘衡量過了，為了動來動去供養個腦子，動來動去又不見得吃得飽，不如別動了，也不需要腦子了，可以少吃點。」動物學家說。

「我們人類幹嘛不這樣？」我問。

「康永，你可沒資格問這個問題！你的所有工作都靠腦子，放棄腦子，你就完了。」

「你還不是一樣，沒腦子還研究什麼動物？連撞球也甭打了。」

他嘆了口氣。

「海鞘這種最極端的斷捨離，我們還真做不到。海鞘存在超過五億年，品種將近有三千種。它們全身上下沒什麼可吃的，大家也就沒興趣吃它們……」

「這樣還算活著嗎？」我問。

「活著的狀態有很多種，比方說：有些植物或者菇類可以提煉出令人產生幸福幻覺的物質？」

「這個我倒也聽說過。」

「你想想，存放著這種幻覺物質的植物和菇類，難道本身真的只是毫無感覺的容器嗎？還是說，它們始終祕密的洋溢著幸福感、一種我們人類目前還收不到的幸福感？」

「無欲」是不行的，「減少令人煩惱的欲望」則非常可以

放棄了大腦的海鞘，我們目前無從知道它是否感到幸福。菇類什麼的就更神祕。

簡單生存比較輕鬆，但不一定幸福；

因為幸福是不確定的事。

很多人都愛問：「這樣算是幸福嗎」？這題的答案，只有每個人自己有資格回答。

可是不管幸福與否，把生活變簡單，一定比較少煩惱。

煩惱很好界定，沒人問「這樣算是煩惱嗎」，我們感到煩惱，那就是煩惱。

變簡單，可以減少煩惱的事項。

複雜的摩天大樓，全身上下會不斷此起彼落的出問題，而一頂帳篷能出的問題就少得多。

變成海鞘是太極端的例子，但不能否認海鞘啟發了我們對「懶」的想像～

人類不可能懶到放棄腦子不要，但我們倒是可以多練習著放棄腦子想出來的很多東西。

《論語》有一句我不太同意，但聽起來確實很神氣的話：「無欲則剛。」

「沒有什麼欲望，就會變得強大」。

我不喜歡這四個字，因為我不喜歡老是把「欲望」描述成負面的東西。

如果要把欲望分出好壞，有個簡單的方法，就是看這個欲望，帶給我們的樂趣多，還是煩惱多？**值得實現的欲望，帶來的樂趣，超過帶來的煩惱；值得丟掉的欲望，帶來的煩惱，超過帶來的樂趣。**

把值得丟掉的欲望給捨棄了，等於是捨棄了煩惱，生活變簡單，煩惱變少，人變高興。

「無欲」是不行的，「減少令人煩惱的欲望」則非常可以。

如果欲望是「想跟人一塊喝酒」。那麼一起喝酒的人，就成為衡量的標準。有些人一起喝酒會帶來各種煩惱，那就丟掉這個欲望，寧可自己在家喝。但如果能找到樂趣多過煩惱的酒伴，當然就值得實現這個欲望。

雖然不必像海鞘那樣，粗暴到把自己腦子吃了，但也請不必全盤接受腦子產出的各種欲望。衡量這些欲望，刪去不划算的，生活一定會變簡單。然後就有餘裕可以探索更多的可能，給自己更多選擇。

欲望減少了，受制於人的事，也會跟著大量減少。不再輕易受制於人，把本來就歸自己負責的人生撿回來。

4.

沒意見、沒感覺、沒我的事

練習情商的兩個最簡單的立場，說出口粗魯，但放心中穩當的，就是「關我什麼事」跟「關你什麼事」。

✦

除了跟藝術家蔡國強、以及跟五月天的阿信合作過藝術作品展之外，我也曾經在正式的畫廊做過一次我的個人創作展。在那次的展覽裡，我把一些很短的中文句子，用顏料塗在帆布上，做成畫。

這個展覽，就是由這種各式各樣的「句子畫」構成。

展場裡刻意不放我的名字，我的名字都藏在畫的背面。我希望來看展的人，每個人都在這個展中，看到他們自己，找到屬於他們的那句話，而不是看到我。

但我想要我的畫能跟看畫的人建立很私密的關係，每個人都可能在我的展中出其不意的撞見一個乍看平常、但玩味之後，卻能觸動他心事的句子。

其中有一幅非常小的作品，是在近乎黑色的深藍底色上，用幾乎看不見的深藍色，寫著「值得的」三個字，掛在一整面黑色的牆上。

我猜有人會有感觸，但沒料到遠超過我預期數量的人，哭著從這面牆前面走開，幸好我在畫展的角落放了些椅子，哭太厲害的人可以坐下來，消化一下被觸動的心事。

強悍宣言：關我什麼事？關你什麼事？

但我最親愛的主持搭檔徐熙娣小姐，卻對著畫展中另一幅文字排列成 L 形的畫，掉下眼淚，那幅的句子是～

「你看到的這個笑，是用眼淚灌溉出來的」。

她在這幅作品前抹了抹眼淚，說「可是我可不想在家掛一幅看了就掉淚的畫，我要選另一幅」，然後選了一幅，上面的句子是「其實可以算了」。

人的選擇真是微妙。

已經開始收藏畢卡索馬蒂斯等大師畫作的周杰倫先生，喜歡開朗事物，他看著一句「狗會講話，那還得了」笑出來，然後轉身選了「成為唯一」。

蘇打綠的吳青峰選了「我在等外星人帶我走」，他問我怎麼知道這就是他的祕密計畫。

另外，這場畫展中有一個系列，字會閃動，句子會在「我」跟「你」這兩個字之間閃過來閃過去，所以在這些作品前面走動時，畫面上的句子一下是「關你什麼事」，一下是「關我什麼事」。

令我意外的是，選這個系列的，都是女生，尤其好幾位是已經當媽的，不禁令我遐想這幅作品掛在她們家中時，會散發的神奇威嚇氣氛。

練習情商的兩個最簡單的立場，說出口粗魯，但放心中穩當的，就是「關我什麼事」跟「關你什麼事」。

我在展覽期間，還製作了兩百個提袋送人，黑底白字，提袋的一面印著「關我什麼事」，另一面印著「關你什麼事」。

幾位優雅的朋友，都很高興的揹著這個默默吶喊著強悍宣言的袋子，上街去買菜。

穩定的內心，是活在混亂世界上最棒的居所。

每次有天災人禍，我們無言以對時，都只能嘆出「無常」二字。

人生大海中，沒感覺就沒感覺

「常」就是恆常，就是穩定不動。「無常」就是「沒有什麼恆常這種事，活著就不用想穩定不動。」

偏偏人類又超眷戀「穩定不動」的感覺。希望有天長地久的友情、親情、愛情，但當然都辦不到。

一切都隨時在變。

要在這麼多變的人生大海中，靠自己多變的狀態，不斷的浮沉前行，我們勢必要把很多不要緊的事，排除到身外。

這就要依賴「不關你的事」跟「不關我的事」這兩面大帆，在適當時把這兩面大帆撐起，幫助我們的小船順利前行。

之前寫過的兩本講情商的書，已經講了很多這方面的建議，現在這本書裡，我希望能提醒你，黑色與白色之間的那一塊，才是最寬敞的，足以容許很多變化的，可以任由船隻找到自己航路的、灰色的大海。

待在絕對的黑色或白色裡面，很拘束，空間很窄，等於待在牆壁夾層裡，而牆壁與牆壁之間的寬敞空間，當然自在多了。

在這片不黑不白的灰色大海中，你對很多人是既不喜歡、也不討厭，你只是對他們沒有感覺，沒什麼喜惡。

而絕大部分的人際關係之所以令我們疲累，就是因為我們又在乎別人喜不喜歡我們，又在乎別人討不討厭我們，這樣當然會很累。

其實大多數人對我們當然也是「沒什麼感覺」，大家互相「沒什麼感覺」，會省去彼此很多心力。

✦拒絕垃圾，讓心靈畫布空下來

每秒發生的事太多了，百分之九十九跟我們沒有關係，或有關係但我們能做的有限。對於這樣的事，我們也可以追求灰色大海的立場：我們「沒意見」。

掛在嘴邊似乎很無情：沒感覺、沒意見，好像行屍走肉一樣。但其實這就是我們被各種人事轟炸一天後，回家清洗時該洗掉的，洗好了，進入人際關係的休息狀態。

那些我們被鼓吹搧動要有的「意見」跟「感覺」，占用我們一大堆心力，光是滑手機看影片傻笑，一下子就過了兩小時，這樣兩小時兩小時的過去，難道就是我們要過的日子嗎？

把心力留給真正在乎的事跟人，剩下的，沒意見就可以了，沒感覺就可以了。你擔心會因此變成冷漠的人嗎？嗯，那要看你怎麼定義冷漠了～那些因為疲於應付無聊的人際關係，終於變得皮笑肉不笑，結果一律敷衍了事的，那才是令人遺憾的冷漠啊。

讓畫布空著，因為你要畫上你的畫，而不是歡迎這個世界把一堆垃圾，塗滿你唯一的那塊畫布。

哦，對了，順便一提：我最近學到一個詞的意思，令我有點驚訝。

我看到一本講解佛教典籍的書，作者說，佛教典籍常提到的「娑婆世界」的「娑婆」兩個字，在原文中的意思，是「堪忍」，也就是「讓人勉強受得了」的意思。

我還一直以為「娑婆世界」是多麼美妙的世界哩，結果搞半天，是個「讓人勉強受得了」的世界啊……以這又讓人擺脫不掉，又讓人累得半死的人際關係來說，這世界還真只是讓人勉強受得了啊……

5.

別人是很煩，但沒有別人是絕對不行的

——因為要合作，我們就必須在意別人對我們的看法。畢竟不是蜥蜴或鯊魚，自己一個人打獵吃飽就行。

在動物的世界裡，「別的動物」沒那麼重要。因為動物不在乎故事。動物既不講故事，也不聽故事。

動物不管過去，不管未來，只管現在。沒有過去跟未來，就不會有故事。

既然不編故事，也不講故事，也不聽故事，那麼，「別人」就不重要。

別人，就是來講故事給你聽，以及，聽你講故事的。

這就是為什麼我們一輩子會花這麼多心力，在打理別人跟我們的關係。

「康永，我爸媽反對我辭職，也反對我開店。」她坐下之後，這樣說。

她是一個播報氣象的氣質女仕，每天提醒大家出門可能要帶傘或者應該不用帶傘的，播了十年。

她覺得播十年天氣很夠了，天氣也不會優待她，曬了一樣會黑，淋雨一樣感冒，她想辭職去開店。但首先就遭遇到爸媽的反對。

「你的店，要賣什麼？」我問。

「我喜歡漂亮的指甲，我想開美甲店。」她說。

她伸出她的纖纖十指給我看，每片指甲上，都黏貼著一片會晃動的雨傘形狀小亮片，看來雨傘跟她的孽緣還未了。

「你開店的錢，是爸媽出的嗎？」

「不是。」

「你爸媽會去店裡做美甲嗎？」

「不會。」

「那你為什麼需要父母的支持？」

因為要合作，才需要在意別人的看法

我們動不動就想要爸媽的支持、伴侶的支持、孩子的支持。其實我們不需要。如果是開店，那我們只需要客人的支持，店就可以開下去了。

爸媽、伴侶、孩子、客人，都是別人。自己以外的，就是別人。

我們一輩子無比在意別人，就算根本不相干的人，我們也在意。

沒事貼出一張美照，十位好友按讚，另有一個陌生人說這照片真醜，你立刻失去好心情，想找這人吵架。

我們幹嘛這麼在意別人，即使是不相干的陌生人？

歷史學家哈拉瑞 Yuval Noah Harari 在《人類大歷史》說：跟動物不一樣，人類會想辦法合作，不同的工匠合作，才造出了汽車；不同的國家合作，才形成了貿易。

因為要合作，我們就必須在意別人對我們的看法。畢竟不是蜥蜴或鯊魚，自己一個人打獵吃飽就行。

一旦想合作，就需要別人。

一切都只是「程度的差別」

搞清楚「別人」能多大程度的影響到我們，我們才能把「別人」分出輕重緩急。

分出輕重緩急，是追求效率的第一步。

要相處的人，分出輕重緩急。

要做的事，分出輕重緩急。

一切都不是「要或不要」「有或沒有」，一切都只是「程度的差別」。

而程度怎麼拿捏呢？就是要區分輕重緩急。

不是「我要人際關係」或「我不要人際關係」，而是「我只要前五分之一重要的人際關係」。

「程度」的不同，沒辦法大刀一揮，一劈為二。

「程度」的差異，是像雪片的累積或消退，像水滴的增減，這就是人生的變化。

情商之中像水滴那樣的「一步一步的來」，就是加加減減，移動界線，拿捏輕重。

6. 就算一定要擁有房子，也不一定要拿來自己住吧

情商的「明白、恰當、慢慢來」，也可以用在對錢的態度上。

✦

她忽然說要講一個房東太太的笑話給我聽。

「我朋友被公司調動，從香港調去澳門，他就跟他租房子的房東太太講要停租，請房東退押金，房東太太聽他說是要搬去澳門，就跟他說押金不用退啦，反正在澳門的黑沙環區，房東太太剛好也有房子可以租給他。

他說不行呀，公司叫他要住澳門的望德堂區，不是黑沙環區。

『唉呀，望德堂區，我沒有房子呢……』房東太太遲疑了一下，就說『沒關係的，我明天就去買一戶望德堂區的房子租給你。』」

這位房東太太是怎麼樣都不想退押金？還是這租客表現太好，不能放他去別的房東手上？

顯然對這位房東太太來說，房子就是拿來生錢的東西，確定有租客，就表示確定能立刻開始生錢，是立刻生效的投資。如果房東覺得租金的回報令她滿意，於是追著租客的足跡去添購房子，聽著雖誇張，但那就是她得心應手的賺錢方式。

可以由這位房東太太的邏輯，去理解她對房子的原則：房子是拿來租人的，租金夠利潤的房子，就是可以買的房子。

✦所謂的「你願意」，就是跟自己商量

有不少人覺得，如果一輩子一直沒有房子，好像沒有安全感。

這樣想的人，當然可以展開買房計畫，但他可以像這位房東一樣，優先選擇能增加收入的房子，而不是買來自己住的房子。

我們買某家公司的股票，也不是買來穿，或買來燒了取暖的。

有些東西實用，但買了就會減少你的錢；有些東西不能拿來用，而是拿來增加你的錢。

選房子時，可以考慮世界上任何一個地方，選了預算符合的、可靠的、能增加收入的房子，這樣也許就能感覺是「擁有房子」，從而解決安全感的問題。以這樣的狀態，再去租適

合的房子來自己住。也就是說，雖然是租房子住的人，但同時也是在世上某處擁有房子的人，這樣應該就可以滿足名下一定要有房子的價值觀吧？

情商的「明白、恰當、慢慢來」，也可以用在對錢的態度上。沒人會否認財富跟過好日子的密切關係，所以在這本書裡也試著講一點把情商三原則，用在金錢上的建議。

不管是實際上、還是精神上，有什麼非達成不可的願望，可以好好跟自己商量，透過廣泛的學習，請教高手們，找到一個解決方案：符合現實邏輯、不會葬送青春、也能拐著彎、在某個程度上把願望實現。能做到這樣，就很幸福了。

所謂的「你願意」，常常就是指：我們願意跟自己商量，願意認可跟自己達成的解決方案，並且實行。

7. 容許我們的心，可以感冒也可以拉肚子

把「什麼都不想做」跟「罪惡感」分開。

「我最近什麼都不想做。」我說。

「你不是最近什麼都不想做。你只是最近什麼『正事』都不想做。」她說。

她是我看過的一個角色，是冷酷堅毅的媽媽機器人，從美劇《異星災變 Raised by Wolves》中走出來，冷冷的看著我。

這個角色因為既是一群幼兒的媽媽、同時又是屠殺型飛天機器人，所以被她一瞪，很容易覺得溫暖中背脊一陣發寒。

「被你這麼一說，好像還真的是這樣……」我支吾著。

雖然媽媽機器人說話直接又犀利，但也還是能發揮安慰的作用呢。

「我發現你們人類把事情分成『正事』跟『閒事』，當你們說『什麼都不想做』的時候，

通常只是『什麼正事都不想做』，相對的，吃還是吃、打遊戲還是打、睡懶覺也還是睡。」她說。

「都不想做正事，也沒關係嗎？」我心虛的問。

「什麼都不想做，如果只是一陣子的事，那就當作是你的心偶爾在感冒吧。」她說。

身體會感冒、拉肚子、甚至生更嚴重的病。心也可以這樣看待。

把「什麼都不想做」跟「罪惡感」分開。心的狀態會變化，偶爾或長期的生病，要想辦法讓病好，但別感覺罪惡。

人生是值得的，人生不是應該的。

8. 不一定要抵達終點

想靠近終點，就不要讓自己會累到討厭那個終點。如果累到討厭那個終點，就放過自己，動手把那個終點移近一點。

✦

人類很擅於在各種根本看不見的地方，點上一個點：講話講完，會有句點；不能輸給隔壁小孩的那個點叫起跑點；賠錢賠到夠了的那個叫停損點。

做一件事情呢，當然也有起點跟終點。

這些點，雖然看不見，但因為是我們跟別人的約定，如果不遵守、不認真的看待，跟別人就沒辦法合作或交往。

但如果這些點，是我們跟自己的約定，移動的彈性就大得多。

我認得一個跑馬拉松的朋友。他平常在實驗室整理數據，有空就報名跑馬拉松，但從來沒有一次跑完全程。

他不但跑步跑不完，就算平常的儀態，也完全沒有運動員的樣子，一坐必然癱著坐。他癱在我的對面，桌上放著給他的咖啡，但因為他懶得伸手去拿起咖啡杯，他就伸長頸子去靠近杯子，啜嘴去喝，像河岸邊提防著怕被鱷魚咬走的猴子。

「你這麼懶，竟然還跑馬拉松？」我嘆了口氣。

「喝咖啡這個動作，只是手段，不是目的。咖啡才是目的。」

「懂。」我說。

「目的達成就好，手段不必講究，有效率即可。躺著喝、倒著喝，怎麼省力怎麼喝。喝到咖啡就好。」

「了解。」我說。

「但馬拉松不是手段，又不是要靠著跑馬拉松，把自己從紐約跑到倫敦省機票錢。馬拉松本身就是目的。」

「既然馬拉松是個目的，那你倒是好好跑步啊。」

「我有好好跑啊。」他說。

「你每次根本都沒跑完，這也算好好跑？」

「我每次都跑完了。」他說。

「鬼扯，我在場親眼看著的，就有三次你都沒跑到終點，你老是比別人早半小時就放棄了。」

「我沒有放棄。我跑到我的終點了。」

「什麼意思？」

「我自己設了終點，我跑到我的終點，跑完了。」

「你自己設的終點?!那大會設的終點呢?!」我問。

「那是大會設的終點呀，關我什麼事？」

「你這根本自欺欺人吧?!你不在乎大會設的終點，那你一個人跑就好了呀，參加千人跑步幹嘛？」

「你每天活在千萬人之中，你不也是設了自己的終點嗎？」他問。

我一時還真反駁不了。

如果跑馬拉松就是目的，終點有什麼重要？

活在多少人之中，都沒關係，你可以在很多人裡面，做你自己的事。

主辦千人馬拉松的主辦方，給大家設了終點。

我們生活中，也有各式各樣的主辦方，給我們設了各式各樣的終點，要求我們抵達。

我們知道這些終點的存在。但我們也可以自己設個終點。

我們自己的終點，聽起來很任性，似乎說不上有什麼道理。
但各種主辦方設的那些終點，其實也都很任性，也都說不上有什麼道理。
公司要求這個月的業績要提高百分之二十，有什麼道理？不就是老闆覺得要提高百分之二十嗎？這還不任性嗎？老媽要我考進這十所大學之一，不然就不認我這個兒子，老媽這樣不任性嗎？有什麼道理？

如果跑馬拉松本身就是目的，終點有什麼重要？
如果活著本身就是目的，終點有什麼重要？
不必我說你也知道，人生的終點，只是死而已。不會仙樂飄飄，不會滿天花雨，只是沒得商量的死而已。

靠近終點就很好了，不一定要抵達終點

如果做每件事，都無視大家約定的終點，當然會令人困擾。
但如是我們自己給自己的目標，請保持彈性。
只要靠近終點就很好了，不一定要抵達終點。

所謂的抵達終點，大多時候，也只是一個暫時的狀態，不代表一勞永逸。

我們是沒辦法定居在終點上的。就像跑步的人，衝過終點，放慢速度，改成用走的。我們可以抵達終點，經過終點，但沒有人可以停在終點上，再也不動。

自己設的終點，要設在哪裡？如何拿捏呢？我的建議是：量力而為；「不要設一個會累到令我們討厭的終點」。

很多人離開學校以後，不想再學任何東西，是因為學校給學習設了各種終點，為了抵達那些終點，很多人累壞了，累到覺得學東西很討厭，之後就逃避學習。

想靠近終點，就不要讓自己會累到討厭那個終點。

如果累到討厭那個終點，就自己動手，把那個終點移近一點。

保持彈性，不是為了自欺欺人，是為了永遠不會變成討厭那個終點，而落得只想放棄那個終點。

9. 過去可以存好，不必隨身攜帶

這些擁有在當下都很過癮，很深刻，但它們沒辦法像磚塊一般，累積成城堡，阻擋生命的無常。

✦

「康永，所有人都可以對你的過去很感興趣，但你自己可千萬別這樣。」

當年走豔星路線的她，現在八十六歲了，她坐在我的對面，背脊仍然挺直，眼線又粗又黑，眼尾畫得飛起，一路飛入髮鬢。

她仍然有光芒，只是她耳背了，聽不太到我的提問，我在鏡頭前保持微笑，但提問一律必須用大吼大叫的音量，好讓她聽見，棚內的攝影師們目睹這麼荒謬的景像，都在忍笑，但往日巨星鎮定的微微側耳來聽，很自在。

「你問的這些，我都不記得了。」她回答我：「康永，你問的都是六十年前的事，何必記得呢？」

我想這可不妙，六十年前那段曼妙情史一直眾說紛紜，難得請到了當事人，還是該努力

問看看，於是我翻著手邊資料，提醒她那部電影的名字，她的眼睛突然亮起來~

「啊，那是我演的第一部電影呀，我怎麼會完全給忘了……」她驚嘆著。

訪問人，常常都在訪問人的過去，像是陪伴當事人一起去翻尋他們自己也久未探訪的、結滿蛛網的閣樓。

有一次，一位受訪者似乎覺得我問太多，造成他被挑起了太多回憶，他有點不堪其擾的對我提出了忠告：「所有人都可以對你的過去很感興趣，但你自己可別太陶醉在回味過去。過去的事就放著，不要隨身攜帶，老是帶著那麼多東西，哪裡也去不了。」他說。

我聽到這番話的時候，不太明白。人生最珍貴的不就是回憶嗎？人生的每一段不都是為了累積回憶嗎？

✦拍照留紀錄，卻錯過當下

現在我應該會稍微改變想法了~

回憶無比珍貴，但那就是回憶，過去不是此刻，不是我們正在活著的人生。

跋山涉水，到了一生只能造訪一次的地點，有人是不停的拍照，以便有圖可以發，要為回憶留下證據。

彷彿是去拍節目的攝影工作人員，而不是去旅行的人。

這種到點只顧拍照的旅行方式，一直都引人嘲笑，但也很難改掉，很多人就是覺得旅行這種事花了時間又花錢，當然應該隆重記錄。

其實這樣做過的人都心知肚明，所謂的隆重紀錄，後來很少會去翻看，要講到在人生留下什麼痕跡？無非是櫃子裡一些印著地名的紀念品。不好好體驗當下的人，不管身體被運送去過多少觀光勝地，留下的都只是觀光紀念品，比較難在心靈上留下痕跡。

被安排的旅程，聽命而行的走馬看花，很快就忘記，硬要記也記不起什麼。

自己安排旅行，去弄清自己喜歡什麼，想要經歷什麼樣的旅程，才可能記得。

記得的不是東西，不是觀光照片，而是記得那時的感受，記得自己的體會。

生活要是以「收集將來的回憶」為立場，恐怕就會有點像一味拍觀光照留紀錄的行為，**難免錯過非常多的當下。**

✦別因為談過一百分的戀愛，現在就拒談七、八十分的戀愛

講白了很掃興，但其實值得常放心頭，能時時幫助我們做明智的決定：

生命的結尾，一定是失去，而不是「永遠擁有」。練習著不要把這個最終的失去，當成是失敗，才有辦法好好過日子。

每次發生天災人禍時，我們在網上寫下「無常」二字，可以不是敷衍了事的寫，而是老老實實的學習「無常」是任何生命的必然狀態。

想要假裝「擁有」可以保護我們，這是徒勞無功的。不管我們拚命搜刮、收集、收藏了多少寶貝、多少名牌包、多少可歌可泣的戀情、多少回憶，這些擁有，在當下都很過癮，很深刻，但它們沒辦法像磚塊一般，累積成城堡，阻擋生命的無常。

回憶無比珍貴，但回憶就是回憶，現在就是現在。

人類很喜歡笑動物沒記性，號稱只記得幾秒的金魚，過了季就忘記橡果被自己藏在哪的松鼠，都常被笑。

但就因為沒有記憶，不會一直回想過去，動物沒得選擇，只能活在現在。

如同沒有冰箱，動物就吃手邊能吃到的。

有些動物攝影拍到原野上躺著力竭的老獅子，看著遠方，我們人類很容易代入的想像老獅子正沉浸在美好的回憶，在那回憶中，它正在巔峰，不可一世……

沒有的事。老獅子只是在用僅存的最少體力保持呼吸，以及繼續用尾巴趕著永遠不放過它的蒼蠅。

我們太看重記憶，有時甚至把記憶樹立為從此必須達到的最低標準。因為過去吃過一百分的麵包，從此就拒絕吃七十分或八十分的麵包，是不是很沒必要？

因為過去曾經談過一百分的戀愛，從此就拒絕談七十分或八十分的戀愛，這對現在的自己也很不公平。

更何況，過去的所謂一百分，往往只是經過時間美化過的一百分啊。

為了過去，放棄了現在。每天對鏡子懊惱著沒有十八歲時那麼漂亮，死抓著過去，來當成拒絕現在的武器，最後就能回到十八歲嗎？當然不能，只是徒然又把現在給搞丟。

過去即使是我們的黃金招牌，一直扛著這塊黃金招牌，也不會換來羨慕的眼光，只會累到走不動吧。

過去的做事方式、過去的觀念、過去的知識，往往只能帶我們前往我們已經去過的地方。

現在有現在可以做的事，用現在想到的方法來做，比較可能前往還沒去過的地方。

10. 回憶的珍貴之處，在於你可以一直換新的角度去看它

——自由的去想像自己的人生，想像未來。

有一次，感到失落，心情黯淡，找好友藹玲講話。

我們聊了一陣之後，我想安慰自己，就隨口做個結論：

「不管怎樣，就好好保存這段回憶吧。」我說。

說完，我起身準備要走，沒想到藹玲又接話了：

「康永，回憶不是拿來保存的，回憶不是一件東西，讓你拿來鎖在保險箱裡。回憶是現在的你的一部分，跟著你經歷生活，也會跟著你改變。」

我當時沮喪，沒有多想，拋在腦後，最近，當別人找我講起回憶時，卻變成我自己在說同樣的話，也終於懂了當年藹玲的意思。

「我三十歲時，會用三十歲的立場，去回憶我的媽媽，去推測她是怎麼看待她自己的人生。

接下來，每過幾歲，我就又改成用那個年紀的立場，去回憶我的媽媽，又會得到不同的推測跟理解。」

如果我們可以信賴現在自己的目光，用這目光去理解過去的自己，這表示我們已經能夠安然的接受自己的變化。

相對的，如果我們一直把回憶當作固定不變的，我們就有可能被這份回憶給限制住，限制了我們對接下來的人生的想像。

心理學家布倫特．史利菲 Brent Slife 在他有關「時間與心理」的著作裡建議～

「應該說是我們的現在，賦予了我們的過去意義……」

例如，當你第一次辭職、逼得你當時的老闆把薪水提高三成，留住了你繼續為他工作五年。這段往事在不同的人生階段去回顧，就會顯示不同的意義，如果是等到你後來自己創業當老闆時再去回顧，又會因為你自身立場的改變，而對這段往事有不同的體會。

因此可以理解：並沒有什麼永遠固定不變的回憶。我們變，回憶也就跟著變。我們是回憶的主人，而非回憶的奴隸。回憶誠然珍貴，但它的珍貴在於它供應我們養分，不在於它是黃金打造的重擔。

建立這種「把回憶拿來支持現在」的心態，能令我們不再被回憶給綁住，取回對回憶的主導權，自由的去想像自己的人生，想像未來。

11. 那叫作安穩，還是窒息？

——婚姻為什麼那麼容易帶來窒息感？因為「定下來」了。日復一日，不再冒險，只求安全度過。

✦

她錄製一個聊天節目，算是一位播客，節目中都聊一些玄奇的事。但她私底下根本不信這一套。

「節目上來了一個用竹牌算命的師傅，我就問她：我男友的工程師工作，會不會被人工智能取代？」

「竹牌師傅怎麼說？」我問。

「沒想到那付竹牌倒是挺誠實的，直接告訴算命師，說它們竹牌沒經歷過人工智能的時代，算不出人工智能的事。」

聽起來這竹牌確實比很多動不動就指手畫腳的人負責任。

很多人對自己沒經歷過的時代，都熱愛給建議。生活方面的建議也就罷了，畢竟三嬸二舅可能真的很懂怎麼挑五花肉怎麼剪腳指甲，但工作的建議實在就不用硬給。

所有硬給的建議當中，首屈一指的當然就是「找份穩定的工作，定下來」。

我們是動物，這句話卻建議我們做植物、做礦物。「定下來」有這麼好？死了埋了，不就妥妥的定下來，定到不能更定的定下來了？給出這種建議的人，應該沒有考慮過生活的窒息感。

✦除了穩定感，人生還有其他選擇

婚姻為什麼那麼容易帶來窒息感？因為「定下來」了。談戀愛時的苦樂都刻骨銘心，因為患得患失，在乎對方言行各種細微的變化，摸索前行。

在熱戀中本來那麼兢兢業業的伴侶，怎麼會到了婚姻中，就怠惰而出現了窒息感？日復一日，沒有好奇，不再冒險，只求生存有保障，有了小孩以後，把自己定位為「儲備小孩日後所需」的供應者，且因為料不準小孩日後到底需要多少東西，這個儲備任務就一望無際，可以一路進行到老去。

穩定，當然有令人嚮往之處。但時代的變化速度很快，這個時代的穩定是什麼？這個時代還有穩定嗎？生命的穩定，就是「定下來」嗎？

永遠會有人喜歡穩定，就算不能真的穩定，也嚮往穩定的感覺。

也許可以試著把這種嚮往，拿去追求平靜穩定的心。用穩定的心，去迎接生命該有的各種變化。

學習情商，就是為了躲開生活的窒息感。

最值得穩定的，是能夠迎接各種變化的、穩定的心。

12. 就算說了那種話，還是要繼續活很久吧

不學習的人，
會給自己一些聽起來豪爽乾脆的藉口。

✦

「康永，我當年成為大明星的時候，不識字。」她笑著說。

「後來有機會學嗎？」我問。

「那是當了明星很多年以後，慢慢學的。」她說。

她是傳統戲曲的前輩大明星，在還沒有電視節目可看的時候，她的粉絲為了送她禮、會站在戲台口，拿手帕包了金鐲子金鍊子，爭相往台上丟，丟得滿台都是，戲班子還要專門派人上台去撿這些黃金。

她並不是特例，在她的時代，不少明星都沒機會接受識字的教育，他們腦子裡記下了起碼幾十齣戲劇的唱詞動作，那些唱詞充滿了歷史典故，詩歌對仗，每齣戲動輒一兩個小時長，他們可以上台就演，連細節都記得清楚。

他們如果考學校的那種語文考試，可能考得很糟，但那樣的學校，也無法把他們打造成大明星。

找出自己的學習偏好

教育專家發現，每個人學東西的方式各有偏好。我訪問過的音樂人有些完全不會看樂譜，會煮菜的大廚，好幾位也不看食譜。

教育專家尼爾．弗萊明 Neil Fleming 設計過簡單的問卷，讓我們可以看看我們偏好的學習風格，問卷把學習者分出四種偏好：

一、視覺型，**透過圖表，地圖等來吸收**。
二、聽說型，**透過演講、簡報等來吸收**。
三、讀寫型，**透過閱讀文字來吸收**。
四、體驗型，**透過親身體驗來吸收**。

他認為找出了自己的學習偏好，會學習得更有效率，也更容易有成就感。

但弗萊明也提醒，沒有人會永遠只用一種模式去學習，而是根據不同的狀況，更換學習模式，或者混合使用不同模式。

把學習當成自己的權利

在學校時，我們多半是被考試逼著去讀書，一旦不再有人考我們，不再擔心考幾分以後，學習就不再是別人逼迫我們才做的事，反而是我們要依靠著學習，才能活得新鮮有趣。

不學習的人，會給自己一些聽起來灑脫乾脆的藉口：

「我就是這種人，學不會這一套的。」

「我都這把年紀了，還學什麼學。」

「我很笨的，學不會的。」等。

說出這些話的人，他們還繼續活嗎？當然，他們說完這些話，並不會立刻死。

當他們宣布不再學習之後，繼續活的二十年、四十年、六十年，他們是怎麼活的呢？他們一定仍然在學習，才能一步一步活下來的，但恐怕是被動的學習、也就是受生活狠狠教訓之後的、不開心的學習。我們**如果願意把學習當成自己的權利、願意主動選擇學習的方式，會有效率得多，也會開心許多**。

不相信學習的人，是不相信自己的人。

13. 請重視尷尬能帶來的力量

球賽、派對、聊天，都一樣：再怎麼尷尬，都勝過冷淡。

主持節目這種工作，當然包括要看來賓的表演。有些表演棒到令我當場落淚，也有些表演爛到令人哭笑不得。

有一次，我遇到一位曾經來我節目表演跳舞，結果跳得非常爛的同學。我問她當時會不會覺得很尷尬，她說當然很尷尬。我說我記得那時我並沒有逼她跳，為什麼她還願意跳？

她說有機會跳，當然要大跳特跳，至於尷尬的部分呢。她說：「尷尬就尷尬啊。尷尬怎麼了嗎？」

✦只要有目的，尷尬就會值得

非常多人告訴我，他們沒有用力抱過爸媽、沒有對爸媽說過我愛你、也沒有好好訪問過爸媽、請爸媽說說他們的人生故事。

「為什麼不？」我問。

「那樣很尷尬。」他們說。

有一些專家會提出比較緩和的、不尷尬的作法。

但我的建議是：尷尬就尷尬，尷尬也沒什麼。

伴侶或親子，各自處於人生的不同階段、不同狀態，要渾然天成、不露痕跡的互相了解，其實很難。

久而久之，雙方氣餒，放棄了摸索，越來越陌生。

為了怕尷尬，竟然就此陷入人際的牢籠？這會不會太不划算了?!

生活與節目有相似的要求：再怎麼尷尬，都勝過冷淡。

球賽、派對、聊天，都一樣：再怎麼尷尬，都勝過冷淡。

只要有目的，尷尬就會值得。

什麼樣的目的呢？

人才培訓專家布萊恩・崔西 Brian Tracy 建議了一個非常簡單有效的問題清單，讓我們去問我們身邊重要的人。

這張問題清單，只有很淺白的四個問題：

一、有什麼事，是你希望我多做一點的？

二、有什麼事，是你希望我少做一點的？

三、有什麼事，是我沒做過，而你希望我做做看的？

四、有什麼事，是你希望我不要再做的？

明明是這麼簡單的四個題目，我相信很多人都從來沒有拿來問過對方，不管對方是伴侶、還是親子。

大概有人覺得這麼直接問，好赤裸、好粗魯、好尷尬。「這麼親近的人，難道就不能自己體會嗎」？他們會這樣問。

恐怕還真的不能體會。人的親近往往是表面，實際上互相很陌生。

何況，**尷尬又怎樣呢？總是勝過冷漠**。

主要是直來直往的效率會出乎意料，一旦問到答案之後，你一定會非常驚訝，原來對方對你的期望是這個！

這四個題目的答案，會帶來驚嚇與驚喜，很可能會把情況搞得更尷尬、更混亂。但起碼不是更冷淡。

尷尬是小事

一旦你體會到尷尬沒什麼之後，應該也就能做到：放下多餘的自尊，拜託別人幫助你、管理你自己～

拜託同事：如果同事看到你抽菸，就可以要求你請吃一頓飯。

拜託同學：如果同學逮到你該念書時滑手機，就可以逼你立刻講一個笑話；

或者，在社交平台上，向實際上挺陌生的九十九個網友發出訊息，請對方任意給你一個建議，看看會收到些什麼樣的反應……

（為什麼是九十九呢？因為每次發訊不滿一百，這樣可以形成一種「還有一封沒發」的未完成感，有利於下次想再發訊息時，不會失去動力……）

聽起來都是超尷尬的事。但真的進行了，會發現收穫遠不是無聊的尷尬所能比較。
相形之下，尷尬這種小事，就變得微不足道。

14. 很多東西會拜訪我們，結果我們一個也認不出來

給自己一個機會，迎接各種際遇，允許自己有機會在各種際遇中反應、選擇。

據說我的聲音很好認。我有時候戴著口罩戴著眼鏡去買咖啡，只是開口點了飲料，等拿到飲料時，杯子上往往已經寫上了店員貼心的祝福：「蔡先生，希望你今天開心」「康永哥，期待你下一本書」……

這表示我就算戴頭罩去搶銀行，也不能發號施令。

不過隨著我越來越少主持節目，會越來越少人聽過我的聲音。越少接觸，就越不熟悉；越不熟悉，就越認不出來，這是理所當然。

我被問過很多次：「當機會來了，怎麼知道那就是機會？」

嗯，很可能不會知道，因為如果沒有大量去接觸機會，只是一味很被動的等待機會來偶

遇，那我們勢必對機會長什麼樣子很陌生，即使它們走到面前，也認不出來。

才華必須跟「遭遇」搭配，才會傑出

很難認得不常接觸的東西。

有很多傑出的人，願意接受訪問，告訴別人他們是怎麼做到的，當中有些人想炫耀、有些人想說明、有些人是要藉機推廣理念、也有些人真心希望這些經驗之談，能夠幫到別人。

聽他們講的內容，表面上是在聽「方法」，聽「他們是怎麼做到的」，但實際上，我們真正要聽的是：「他遭遇了些什麼」、聽「遭遇了之後，他做了什麼」。

他們所做的事，是回應他們遇到的人和事情。

做事的方法，不是憑空蹦出來的，而是因為有了遭遇，做出反應。

跟他們有同樣遭遇的人，沒有做出跟他們相似的反應，結果就沒那麼傑出。

決定他們表現的，是「他們的遭遇、與他們的反應」，不是單獨存在體內的所謂才華或天賦。

才華或天賦也重要，但一定是跟「遭遇」跟「反應」搭配，才可能形成傑出的表現。

所有在各種座右銘中不斷聽到的「機會」「時機」「眼界」「見識」，其實都只是在講一件事～

你遭遇了什麼？你有試著反應嗎？

放棄了機遇，也就等於放棄了機會

有些人信民間傳說武俠小說，很欣賞在山洞裡對牆壁靜坐十五年的苦思，或者跟巨鳥每天在深山裡揮劍苦練，覺得這樣的人有一天把大袖一揮，站到山巔上，說一聲「我來了」，天上就會一陣閃電，天下就會一陣騷動、迎接這人帶來的風雲變色。

坐在山洞裡一直不出來，除了山崩被埋起來，或者被自己的排洩物薰死，很難有什麼際遇。跟巨鳥練劍，除了每天遇到這隻鳥，很難有什麼際遇。

有些所謂「書齋型」學者，長年關在書房裡，皓首窮經，他們經由苦讀，能夠引經據典，但實在沒有什麼遭遇，無從訓練對遭遇的反應，所以從他們身上，比較常感受到知識，卻未必能感受到處世的智慧。

某次有人問我對工作選擇有什麼建議，那是一位在便利店打工的同學～

「即使是一樣在便利店打工，我也會建議盡量選『際遇多』的便利店，也就是選『際遇多』的時段跟地段打工，勝過在『難有際遇』的店打工。」

為什麼好電影能啟發人？因為電影的角色密集的有各種際遇，然後對這些際遇做出反應。電影通常只有兩小時，兩小時裡，主角遇到人，跟人相處，從人的言行得到刺激而採取行動，最終有所成長跟領悟。當電影演完、故事結束時，領悟卻沒有結束，領悟留在我們身上。

被陌生人啟發、從此更明白生命的電影故事，我可以想到好幾個，且挑三個我很愛的來講一下～

一個守寡的退休女老師，叫了一名可以共度幾小時的、網上評價很好的男伴遊。這部電影是《祝你好運，里奧・格蘭德 Good Luck to you, Leo Grande》。

再來一個，是被富豪子弟壓迫的窮學生，為了賺零用錢，輔助一位眼盲的退休軍官，陪伴這位軍官進行自殺前的最後旅行。

這部電影是《女人香 Scent of a Woman》。

再來一個，是事事都報告爸媽的、一直被退稿的年輕作家，他一見鍾情的、無法自拔的，愛上了一個法國外交官的夫人。

這部電影是《愛情限時戀未盡 5 to 7》。

為什麼忍不住要提這麼三個故事呢？

因為這三個主角都在日常生活中遭遇到一個陌生人，他們根本不知道那算不算是什麼機會，他們就是憑著生活賦予的感受力，學著從另一個截然不同的人的眼中，重新認識一次生活，結果得以重新認識了本來很陌生的自己。

✦反應和選擇，機會就被你製造出來了

如果我們在真實的世界、基於任何原因，不願意脫離重複的生活，不願意多認識幾個跟自己很不同的人，那起碼，我們以最不麻煩的方式，透過書本或影劇裡面的主角們，派他們代替我們去冒險，我們安全無虞，他們去經歷、去替我們取得領悟。

這本書寫成的此刻，書跟電影這些傳統的載體，都正在經歷巨大變化。很快的，書跟電影都會變成跟現在很不同的樣子，可能靠電線或電波把內容送進我們腦中，由我們自己直接扮演主角、去體驗故事，像某種擬真的遊戲。

在那一天到來之前，給自己一些機會，迎接各種際遇，允許自己有機會在各種際遇中反

應、選擇。

如果放棄了際遇，那也就放棄了所有人生座右銘之中所說的，那個叫作機會的東西。

那又何必再問「當機會來了，我們怎麼知道那是一個機會」呢？問的人根本沒興趣認識它啊。

你會有遭遇，你會有反應，你會做選擇，機會不是來了，機會是被你製造出來了。

別當回事，
然後自在

1. 吃苦有時就是倒楣，哪有什麼聖光

吃有目標的苦，
請別把吃苦當成了目標。

✦

眼前出現一位作家，很眼生，沒見過，她的身影是由書頁之間蹦出來的。她用手指了指書封面上的作者大名，我才知道出現的是已經過世的作家岡本加乃子。

「康永，你知道釋迦牟尼剛創佛教時，受到當時其他在印度流行的教派猛烈攻擊喔。」她說。

「在下不知，願聞其詳。」

「相關教派的名字很長，你一定記不住，但還是說給你聽吧～阿耆多・翅舍欽婆羅。」

我照著複誦一遍，確實記不住。

「這個名字，是當時印度的外道六師之一，叫作《苦行外道》。這一派要求信徒要特地

穿得破爛，沒事要用火燒燒自己，讓身體多吃苦頭，當成修行，以求悟道。」她說。

「生活已經很苦了，還要另外找苦來吃，這樣能號召信徒嗎？」我問。

「苦行外道告訴信徒：對自己施加痛苦，來世就可以降生天界，永遠幸福。」

「這樣啊……這種說法，對於本來就過得很苦的人，可能很有吸引力，反正橫豎在吃苦，就順便靠吃苦可以累積點數的概念。」我說。

「釋迦牟尼之所以當時會受到他們攻擊，因為釋迦主張：『苦勞不是活著的目的，經歷苦勞，是為了設法消除苦勞。』」

受苦並不高貴

「後來誰贏了？」我問。

岡本作家噗哧一笑。

「又不是王道漫畫，什麼誰贏了，反正後來漸漸沒什麼人信苦行外道了，硬要說的話，大概算是釋迦牟尼贏了。」

「受苦就能換到來世的永遠幸福，是很討喜的說法。」我說。

「但累積點數的構想，當時被釋迦拆穿：釋迦說上天如果真的會審核點數，哪可能被人間這麼粗淺的做假手段給唬弄。沒事就燙自己幾下割自己幾刀，為了換點數做假，不會過關的。」

是啊。貧窮並不可恥，但貧窮也不高貴。同樣的，受苦當然不可恥，但受苦也沒有什麼高貴。

一切看我們追求什麼。

先別管宗教信仰這些，單看釋迦牟尼這段話，就是「只吃必要的苦就好」。

不用美化吃苦，不用神聖化吃苦。

吃有目標的苦，請別把吃苦當成了目標。

2. 別老想不得罪人，想一下得罪了會怎樣

——長期窩在「不要得罪人」的籠子裡，身高一定停止，肌肉一定萎縮。

最近因為打架上了新聞的新人演員，十八歲，頭髮像剛從爆炸中生還那麼炸。他找我聊天，可能他覺得找我該打條領帶。那條舊領帶綁在他細細的頸上，跟他身上那件破很多洞的T恤，給人一種最近布料供應很吃緊的感覺。

「康永，真的不可以得罪人嗎？」他問。

我還是第一次被問這一題。

「可以得罪人啊。」我想了一下，又忍不住補了一句：「如果得罪的後果，你吃得消的話。」

他緩緩露出一絲微笑。

爆炸頭新人，跟一般新人想事情的起點不太一樣。一般人通常會想「如何才可以不得罪人」。

爆炸頭新人想的是「得罪了真的會怎樣嗎」。

根據目前對人腦的研究，據說到二十五歲，腦子才會長完整。

如果真的採納這個說法，二十五歲之前的人，沒把某些事放在心上，也是理所當然。

比方說，得罪人就得罪了，會怎麼樣嗎？

就算腦子長完整了，也不表示我們的人際關係，要建立在「盡可能不要得罪人」上面。

得罪人，跟委屈自己，哪個傷害比較大？其實可以衡量一下。

不管本來是溫和的個性還是易怒的個性，如果把「不要得罪人」放在優先順序的前三名，那就等於注定要委屈自己了。

為了不得罪人，忽視自己的需求，以至於去念不想念的科系、跟不想在一起的人結婚、做不想做的工作、過很吃力但符合別人標準的日子……

以這個立場進行的人生，怎麼還可能談立志、談目標、談習慣的養成、談一切的累積？

✦把你的需求擺在「不得罪人」前面

沒有人喜歡隨便去得罪人。

但長期窩在「不要得罪人」的籠子裡，身高一定停止，肌肉一定萎縮。最虧的是：付出這些代價，別人可能當成理所當然，根本完全沒察覺你的苦心。畢竟他們「沒被你得罪過」，就算常常把你看成透明，也很合理。

我們走路不踢到石頭，哪可能會注意到那塊石頭的存在？

如果你沒有常常練習「說不」，那麼你的答應，就會越來越沒價值。

我們不必老是把「不」掛在嘴邊，但請把說不的能力，當成是如同游泳、騎車一樣的能力，當你要用這個能力時，你用得出來，不會害怕，不會有罪惡感。

你游泳是因為你想游泳，必須游泳，你游泳是基於自己當下的需求，這時只要你能游，你就既不會害怕，更不會有罪惡感。

對於「說不」，也建議一樣的態度。

得不得罪人，只不過是各種選擇之中的一種，不是什麼大罪。

有些人恐怕是難免要得罪，或者就算得罪了，也還是很划算的。請不用把「不得罪人」

放在「自身需求」的前面。

3. 人生只要問這三題

我們以為人生是關於什麼了不起的事，有什麼了不起的答案。但其實問這三題就夠了。

所有電影怪獸中、最老資格、最喜歡把大樓撞倒或踩爛的哥吉拉，有一個很華麗的對手，是全身金光閃閃的三頭飛龍：王者基多拉。

一陣腥風撲面而來，大到不像話的三頭金龍基多拉，搧著翅膀，降落在我面前。

「我最近說了什麼令您不開心的話嗎？基多拉大人。」我說，聲音發顫。

基多拉惡狠狠的用六個眼睛瞪著我。接下來開口說話了，說話的順序似乎排練過，從右至左，每個頭說一句。

「蔡先生，我要求你問我三個問題。」三個龍頭最右邊的頭說。

「我們這三個頭，每個頭會回答你其中一題。」中間的龍頭說。

「如果答不出，我就立刻飛走。」最左邊的龍頭說。

好哦，問問題嘛，是我作為節目主持人長期以來的工作，希望問完不會被基多拉一口吞掉就好。

我本來想問基多拉如果談戀愛了，是由三個頭之中的哪一個頭去接吻，但想一想覺得這問題有危險，萬一基多拉沒戀愛過，惱羞成怒，想都不用想就會一口吞掉我。

於是改問簡單的問題。

「你最想在什麼樣的地方生活？」我問第一個龍頭。

「你最想過什麼樣的生活？」我又問第二個龍頭。

「你最想跟什麼樣的人一起生活？」我接著問第三個龍頭。

基多拉聽完這三個問題，低頭想了一下，然後說～

「我沒有好好想過這幾件事，等我想好了，再來回答你。」

說完，基多拉搧起翅膀，颳起腥風，扶搖而去，留下我劫後餘生的鬆一口氣。

我不知道基多拉要多久之後才會飛回來給我答案，也很可能它會每隔一陣子就派隻蚊子什麼的飛來一下，每次給我一個不同的新答案。

✦請好好回答這三題

說起來是非常普通的三個題目，但其實夠了。

拿來問一隻宇宙大怪獸，或者拿來問一個小朋友、或者拿來問一位老人，都夠。

我們有時會以為人生是關於什麼了不起的事，有什麼了不起的答案。

但其實這三題就夠了。

別再用各種模糊的、不知所云的願望，繼續跟自己打混了，別再把事情丟給耶誕老人、月下老人、甚至丟給宇宙，別再許願那些自己也搞不清怎麼才算數的「幸福快樂」，好好回答這三題就好了，當然可以時時更新，但請好好回答這三題。

人生值得或是不值得，總要有個判斷的標準。而這標準，要由我們自己定下。

4. 日子是拿來過的，不是拿來換錢的

「對自己好」絕對不止一種活法，但絕對可以遵循一個原則，那就是「停止那些對你自己不好的事」。

✦

我最好的朋友約瑟夫熱愛藝術，也熱愛賺錢，這兩大嗜好加在一起，使他在逛各國的大美術館時，既興奮又沮喪。

興奮是因為各大美術館收盡藝術至寶，美不勝收；沮喪則是因為美術館內當然沒有任何一件藝術品有標價，全都是非賣品。約瑟夫想要買進賣出的投資本能完全被封禁，如何能不沮喪?!

「約瑟夫，你知道，大都會博物館這些藝術品，就算有標價，全世界有資格考慮要不要買的，恐怕也不會超過十個人，你又不在這十人之中，何必杞人憂天，操那輪不到你操的心呢？」

約瑟夫點頭稱是，當下悟出了至理名言～

「就是因為不能被擁有，大家才可能好好享受。」

各大美術館的藝術收藏，就是因為能讓人斷了擁有的念頭，大家才認命的乖乖走一步看一步，能看多少算多少。

生命中最好的東西，全都如此～

沒法買下、沒法擁有、沒法冰在冰箱，沒法先放著下星期再煮來吃。

所有最好的東西：

花開的美、日落的美、微風輕拂的舒爽、雲朵列成的神奇圖案；

孩子的第一個笑容、爸媽的最後一個笑容、初吻、初戀；

海洋、太陽、地球；

還有所有我的情商書從頭到尾最想講的這些：

時光、日子、人生。

不能擁有，所以才值得我們好好享受

我們被賜予了生命，這生命是拿來體會的，不是拿來搞懂的。

所有因為搞不懂「生命到底有什麼意義」，而賭氣到亂糟蹋的人，容我請問一句：我們到餐廳是去吃美食還是去檢驗廚房分析鍋具的？我們到世界是來享受生命的？還是來搞懂生命的？

所有拿這條命不斷的換錢、換到最後一刻、乃至換到已經入棺了還搞到家屬們繼續為了爭奪這些錢而互相憎恨拒絕來往的人，你是來生活的？還是來換錢的？

如果這麼瞧不起時光，只想胡亂打發它，到頭來又何必緊抱著它的大腿哭、哭求永生不死呢？

不能擁有，所以才值得我們好好享受；不是倒過來：反正不能擁有，那就胡亂糟蹋吧。擁有根本是幻覺，因為每秒都在變，因為最後是變成沒有。

在對自己好的一開始，我們要練習、把過往累積的一些誤解拋開～

能控制很強，但失控也沒什麼；榮耀很棒，但丟臉也沒什麼；精明很令人欽佩、但笨拙也沒什麼……

所有的這些「沒什麼」，並不是因為我們要自暴自棄了，而是因為我們承認人的狀態、接收人的感受、體會活著的滋味。

把日子過好，人生的意義就會一步一步的「形成」。

並沒有那麼一份「人生意義」，是像傳說中的聖杯那樣，等著我們去「找到」。

拚命的找意義，錯過了人生的人，是找不到那個意義的。

一點一滴、一步一步的把日子過好，意義就會形成。

我還在練習，寫這些情商書，也是我練習的功課。

我對我的練習充滿興趣，我收到了很多以前錯過的訊息。

「對自己好」並不是指特定的某一種活法，但「對自己好」可以遵循一個簡單的原則，

那就是「停止那些對你自己不好的事」。

人生不會自動的「值得」或「不值得」。

如果想要人生值得，必須是你自己，去令你的人生值得。

5. 能強迫存錢，就能強迫存時間

可不可以，給自己存下「不派上用場」的一點時間？

✦

擅長打離婚官司的律師請我吃肉。她說她只吃用刀叉吃的肉、不吃用筷子吃的肉，因為她喜歡「切割」。

「要怎麼樣對一個人斷念？」我問她。

「當作那個人從來沒有存在過。」她說：「不要想那人的好，不要想那人的壞，要無從去想那個人，要當那個人不曾存在過。」

「可是那人明明存在過呀。」我說。

「所以才叫斷念呀，康永。」她說：「當作沒有。」

「當作沒有」是很有效的存錢方法。設一個「當作沒有」的戶頭，每次拿到錢，就把五分之一「當作沒有」，丟進那個「當作沒有」的戶頭。所有花費、再怎麼要緊的花費，都從那剩下的五分之四的錢裡面去安排。再怎麼擠壓，都擠壓不到那已經遭到斷念的、五分之一的錢。

不存在的東西，就沒辦法「拿來用」了。只要是能派上用場的東西，要不就是別人想拿去用，要不就是我們自己忍不住拿來用。大家都不能用的，就存下來了。

沒有什麼比感受不到自己更令人失望

我們要為自己製造誰都不能拿去用的時間。

大家已經習慣敷衍了事的隨口說要「做自己」、要「愛自己」、要「對自己好一點」、要「學會跟自己相處」。

我另外兩本講情商的書，一本叫《為你自己活一次》，另一本叫《因為這是你的人生》，都很強調「自己」。為什麼取了這樣兩個書名？

因為我知道這樣的願望雖然真實，但很容易說過就忘，畢竟所謂自己摸不到抱不著，常讓人感覺不到它存在。

為什麼我們會感覺不到自己？

因為我們忙著使用自己。

✦只把自己當「有用的人」，怎麼可能了解自己？

你拿榔頭敲釘子，如果每敲一下，榔頭就尖叫一聲「好痛」，你一定會把這個榔頭丟了。冬天開車，車子抱怨「好冷」；拿鍋子炒菜，鍋子抱怨「好燙」，當然是全都不可接受。榔頭、車子、鍋子，都是拿來用的，它們不該有感覺，就算它們有感覺，我們也不想去處理。我們用它們是為了完成要做的事，不是要跟它們交朋友。

拿來用的東西，才不要它們有感覺，我們嫌麻煩。

那我們是怎麼對自己的呢？

我們有多麼常把自己當用具？

在學校，我們不是真心因好奇而學習，我們是用自己去換分數、換成績、換老師同學對我們的印象、換到在班上的地位。這些行為，既不是「做自己」、也不是「對自己好」，而是用自己的能力或心力，去換到別人期望我們拿到的東西。

從小到大，這就是我們成為一個「有用的人」的過程。

一條「有用」的鯨，從它的肉、到它的脂肪，每個部位都能派上用場、也就都能換到錢。

對人類直接有用的鯨，是不幸被捕獲的鯨。如果換作一條在深海悠游自在的鯨，它對整個海洋生態環境還是有它的作用，但它跟天上的雲一樣，對人類來說是「沒用」的。被捕了、切了、煉了、吃了，才算物盡其用。

當我們把心力都拿來「派上用場」時，我們怎麼還會有耐心或意願，做這些沒用的事：「跟自己變熟」「對自己了解」「跟自己相處」「跟自己戀愛」？

很多退休的人百無聊賴，因為他們一輩子都努力當一個「有用的人」，一旦派不上用場，他們只剩下自己，而這個自己，他們陌生得要命，叫他們跟這麼陌生的自己相處，難怪他們手足無措。

我們要交到任何一個朋友，都一定要花心力的，會一步一步的向他們袒露心事、展示弱點、分享祕密、互相支持。這是我們與人交往時，跟朋友做的事。

那如果我們從來不跟自己做這些事，我們怎麼可能變成自己的朋友，「了解自己」「愛自己」「跟自己相處」？

✦要對自己有感情，才可能做自己、才可能對自己好

每天像陀螺那樣轉，一醒來就上好發條開始執行待辦事項，從考試到餵奶、從回覆訊息到談成合約，完成每件被分派到的任務，用盡了心力，我們不會還有力氣留給我們自己，然後日子就這樣過去了。

是否可以每天只使用二十三小時，有一小時是「不能拿來用」的？可以每星期只有六天半，有半天是「當成本來就沒有，所以不能拿來用」的嗎？**可以像是沒得商量的強迫存下五分之一的收入那樣，給自己存下「不派用場」的一點時間？**

那個時間，我們拿來發呆、看風景、看路人、看劇、聽歌、聽故事、看書、看文字、翻照片、嘗味道、散步、旅行、找跟收入無關的人聊天、想心事……

是啊，想心事，想自己的心事。

我們去埃及對著金字塔，當然不是去研究金字塔的，我們是去對著金字塔，想自己的心事；我們去聽演唱會、聽到愛歌掉了淚，我們當然不是在哭票價怎麼那麼貴，我們是聽著歌想著心事、為了心事而掉淚。

我們要留時間給自己、對自己有感情，才可能做自己、才可能對自己好。只把自己當有用的人，對自己可就太無情了。

6. 機器人永遠趕不上我們的一件事

不是生命的機器人，提醒了我們這些人類，生命到底是關於什麼事。

✦

玩了一局桌遊《仙桃大亂鬥》，設計這個桌遊的設計師鴉先知先生把滿桌的神妖卡片收進盒子。

「人工智能也在設計桌遊了吧？」我說。「它們工作起來，可以不賴床不失戀不聊天不分心去滑手機。」

鴉先知聳聳肩。

「但是，它們永遠不知道『玩』是什麼意思。」他說。

「大概吧，畢竟機器人不是被製造來玩的。」我說。

「它們雖然不懂玩，但是……」鴉先知說：「由機器人來寫的書應該會越來越多。」

「它們一定會寫得越來越像樣的。」我說。「唯一的差別大概是，它們寫書的時候，不會像我這樣，每寫幾句話，就想到一個生命中出現的人吧。」

鴉先知跟我陷入短暫的沉默。

鴉先知忽然露出笑容。

「它們再怎麼會寫書、會設計桌遊、會煮菜、會製造火箭，它們都不會享受那個過程的。」他說。

是啊。快樂的都是過程，不是結局，不是嗎？

吃美食、喝酒、打麻將，快樂的都是過程，所謂的結果，無非是「很飽」或「坐在馬桶上」、「微醺傻笑」或「醉到吐」、「贏」或「輸」。

人生的結局，是「死」。

享受過程，那是我們作為人類的特權

享受過程不只是因為快樂。享受過程是因為，沒有什麼其他的值得享受。

機器人越萬能，越能把人類「打回原形」～我們只好回去做人，而不再扮演「人力資源」。我們的人力不合時宜了，就算硬要付出勞力去換酬勞，也找不出那麼多位置可以安排。

我們大家一輩子能稱得上「成功」的事，不會太多。那些沒成功的事，並不是做過了然後失敗，而多半是因為心力有限，我們根本沒能去嘗試。

我們小時候可以唱點歌、畫點畫、背點詩、拉點琴、做點科學實驗，講點有趣的故事。然後我們長大就忙了。

如果不是特別去安排，小時候會的那些事，都不會成功，但也不叫失敗，只是會「擱下」。

拉一點琴的人，不會成為成功的小提琴家；做一點實驗的人，不會成為成功的科學家。一輩子成功不了那麼多事。無關才華，是我們忙不過來。

但一輩子可以有很多事，會給我們「成就感」。

值得去深刻感受的，不是被狹窄定義的那些成功，而是那些操之在你的成就感。

人生沒有什麼值得或不值得的。

如果我們想要人生值得，我們得自己去讓人生變值得。

人生不會自動變值得的。

怎麼樣能感覺這一切是值得的呢？

要有感。

不是「成就感」這三個字之中的「成就」二字，而是那個「感」字。

「值得」是一種感覺。

「成功」也許需要證據或數據。但「成就感」是只要你有行動，就可能收到這個行動帶來的感覺。

如果真的想要「人生值得」，請改為重視成就感吧。重視且把握大大小小的成就感。煮好一頓飯、陪伴一個孤單的人、稱讚一個沮喪的小孩。

人工智能不會有成就感，沒辦法享受過程。那是我們作為人類的特權。

7. 自圓其說，自求多福，自己發電

所有幸福的根源，只是搞定自己。
對懶人來說，這是天大的好消息啊。

去看京劇，看完了，到後台向拉了一整晚胡琴的胡琴老師致意，他眼睛已經失明多年。京劇伴奏是由打鼓的老師主導，胡琴依據鼓點來走，所以失明不會是拉琴的障礙。

「可惜這麼多名角的演出就在眼前，卻無福觀賞。」他說。

「雖然看不見，老師腦中卻另有一番天地吧？」我問。

「是啊，是我自己一個人的小戲院，就演給我一個人看呢，康永。」他微笑著說。

跟自己很不熟，不知去哪找自己

中文裡有很多四字成語，關於「自己」的，往往不是好話。被講的人通常會難堪：

「自私自利」「自行其是」「自以為是」……

這可以理解，在必須鼓勵人們互相合作的文化裡，要不斷鼓吹：可別陶醉在自己的小世界，要多方學習、多跟人交往。

但現在很多人已經體會到：沒營養的人際關係太多了。這個時代人跟人的接觸之密切早已超過正常負荷。我們可以跟全世界的人講是非聊八卦，而不再限於左鄰右舍。單純只是為了爭取我們看一眼的視覺產物，以前所未見的速度被不斷製造出來。陌生的人們為彼此帶來的干涉多、交流少；煩惱多、啟發少；點讚多、支持少。

這當然令我們心思紛亂，看起來似乎知道很多事，實際上茫然且寂寞。分配給自己的心力剩更少，造成我們對自己往往很不熟。

如果臨時要找某同學、某網友，我們倒是都有步驟，從學校的資料庫找這同學的號碼、在平台上傳訊息給某網友，都可以。

那如果我們要去找自己呢？

可能很多人會愣一下，不知從何找起。

✦越對事物麻痺，就越感受不到自己

故事裡總是把自言自語、自問自答這種行為描述成怪怪的或有毛病。但只要有思考習慣的人其實本來就會不斷的自言自語、自問自答，當然，也許很小聲就是了。

思考，就是跟我們自己開會。

除了在思考時，體會到自己的存在，我們在深入感受各種事物時，也一定會時「拉著自己」去一起感受，要不然根本無從代入。

相反的，平常越是對事物麻痺，就越感受不到自己。

別人感到動人的歌曲，對我們只是在耳邊飄過；別人看到落淚的故事，我們只是在手機上隨手滑過；好友的悲喜，我們都只是給個短信表達心意，而沒有感同身受的去體會好友的感覺；季節變化生命來去，我們都寧可逃避進各種保養整型的手段而不想面對……

用短影片或連續劇塞滿腦容量，寧願討論八竿子打不著的名人婚變，也不願意跟自己聊聊天。

這帶來一個結果：等你要找自己的時候，自己跟你很不熟，你也不那麼信任自己。

✦幸福的根源，就是摸索出「自己」

跟對待伴侶是一樣的。你以為你搞定了一個伴侶，那個伴侶就會一直在？當然不會。

你聽到動人的歌，懶得跟伴侶分享，懶得聽伴侶的感受，不管是美食的滋味、還是親友的遭遇、天氣冷暖，什麼都不拉著伴侶一起感受，老是這樣對伴侶，伴侶還會在嗎？一定變得很不熟，甚至已經跑掉了吧。

冷漠對伴侶，伴侶會消失；冷漠對自己，自己會消失。

情商方面的建議提醒我們「對自己好」「愛自己」「做自己」，每個人都欣然點頭同意，但點頭之後，有邁出任何具體的一步嗎？

要做到這些事，首先要摸索出「自己」的存在啊。

跟自己討論事情，跟自己分享感受，自己才會在。

前陣子流行的話：「窮到只剩下錢。」或者我們常聽到的話：「忙到顧不了自己。」這些狀況，確實都會在某些時刻發生，當這些狀況發生時、請留神，自己可能會越縮越小、越跑越遠的。

所有幸福的根源，只是搞定自己。

對懶人來說，這應該算是天大的好消息吧。

這麼方便、這麼省事，這個人就一直在身邊，隨傳隨到，重視她的意見，培養跟他的感情。

搞定一個自己，勝過搞定一萬個別人。

8. 你覺得夠好，就好

只要評價好壞的標準不適合你，那個成績單上的「好」，就不是你需要的。

✦

我做第一個專訪節目時期的老闆葛小姐，出現在我的回憶裡～

當時的我，訪了一陣子成功人士，老闆葛小姐問我有沒有想做別的節目。

「葛小姐，我們只能訪問成功的人嗎？要不要另外做一個節目，專門訪問失敗的人呢？」我說。

葛小姐愣了一秒，然後哈哈大笑。

「沒有什麼成功的人、失敗的人啦，每個人都有做得成的事，跟做不成的事。只是這樣而已吧。」她說。

反正呢，後來並沒有另外開一個專訪失敗人士的節目，應該是生活中的失敗已經很夠，不必特別再裱個框叫大家看。

✦只在意「成績」，不在意「是用什麼標準打成績」

不同的事情，被判定為好或不好的標準，背後的原因往往毫無深度。

要賣給大眾的商品，有時候只是因為外型做成了方型，可以在裝箱時多塞進幾個，運費省了一些，售價就低一些，增加了商品的競爭力，漸漸方形就被當成這個商品的一個優點，大家理所當然的覺得方形「很好」。（如果因為能夠方便裝箱省了運費，造成方的西瓜漸漸賣得比圓的西瓜便宜，久而久之，大家也會覺得方的西瓜比較好吧。）

我們幾乎只在意「成績」，不在意「是用什麼標準來打出這個成績」的。

明明考試的考題，都是一點用都沒有的題目，大家還是只看考得好不好。如果只是學校的考試這麼荒謬，也就認了，偏偏畢業以後，我們大部分的人生，也依然被這麼荒謬的遊戲規則所擺布～

上學在學些什麼，沒有上學考幾分重要，

上網在發些什麼，沒有得到多少個讚重要，

上班在做些什麼，沒有上班領多少薪水重要，因為看數字方便，就只看數字，剩下的都只是為了得到這個數字的手段，而沒有被當成生活。

好可惜，**過掉了就再也沒第二次的月月年年，淪為換取數字的道具。而那些數字，長期占據我們視野，把我們訓練成被數字使喚的工具人。**

別人有別人的成功標準，我有我的好日子

不要人云亦云的去判斷好壞。真正需要我們判斷的，是評價好壞所用的標準。

學校考試考的只是記憶力的話，記憶力很爛但創造力很好的學生，根本不必拚命要在這種考試中考得好。

那個成績單上的好，不是這位學生需要的好。

只要評價好壞的標準不適合你，那個成績單上的「好」，就不是你需要的。

這個立場，大概很容易就被歸類為小說人物阿Q的精神勝利法，也就是俗語常說的「吃不到葡萄說葡萄酸」。

這些根本不重要的嘲諷，沒關係都可以微笑的收下~

只要我們找到了適合自己的標準，就算被那些無視標準、只在乎數字的人嘲諷，也反而該要慶幸：「幸好我知道怎麼樣才不會被數字控制。」

以下，是一連串常常聽到，卻說不上標準何在的字眼：

公平、正義、善良、誠實、愛情、幸福……

用力生活的人，一生會用各種標準，去體會上面那些字眼，然後了解：那些字眼，不可能有方便又明確的標準，而是在摸索的過程中，找到當下的我們適合採用的標準。

我見識過的很多有意思的人物，他們各自依照他們的標準，過到了好日子，雖然跟我想過的好日子很不同，但很明顯他們都能接受每人有各自對好日子的定義，互不干擾就好。

想要一呼百諾，還是耳根清靜？想要遊艇派對，還是泡澡看書？

所謂的好日子，只要我們自己覺得好，就夠好。

你願意打造屬於你的標準，而不是人云亦云的標準，人生就有了值得的可能。

Eurasian Publishing Group
圓神出版事業機構
用心與你對話・網野無限寬廣
如何出版社
Solutions Publishing
www.booklife.com.tw reader@mail.eurasian.com.tw
Happy Learning 213

你願意，人生就會值得——蔡康永的情商課 3

作　　者／蔡康永
封面插畫／ H
內頁插畫／張小虎
發 行 人／簡志忠
出 版 者／如何出版社有限公司
地　　址／臺北市南京東路四段50號6樓之1
電　　話／（02）2579-6600・2579-8800・2570-3939
傳　　真／（02）2579-0338・2577-3220・2570-3636
副 社 長／陳秋月
副總編輯／賴良珠
專案企畫／賴真真
責任編輯／柳怡如
校　　對／柳怡如・張雅慧
美術編輯／劉鳳剛
行銷企畫／陳禹伶・朱智琳
印務統籌／劉鳳剛・高榮祥
監　　印／高榮祥
排　　版／陳采淇
經 銷 商／叩應股份有限公司
郵撥帳號／ 18707239
法律顧問／圓神出版事業機構法律顧問　蕭雄淋律師
印　　刷／祥峯印刷廠
2024年8月 初版
2024年9月 5刷

定價 400 元　ISBN 978-986-136-696-8

你的一切，包括你的性格在內，都該成爲你的帆、你的舵、你的槳、你的水手。不是你聽它們的，是它們聽你的。你存在，它們才存在。它們沒有什麼好願意或不願意的，你願意就好。

——《你願意，人生就會值得：蔡康永的情商課3》

情商課音頻

國家圖書館出版品預行編目資料

你願意，人生就會值得：蔡康永的情商課 3 ／蔡康永 著 .
-- 初版 .-- 臺北市：如何出版社有限公司，2024.08
288 面；14.8×20.8 公分 .--（Happy learning；213）
ISBN 978-986-136-696-8（平裝）

1. CST：情緒商數　2. CST：情緒管理

176.5　　113005304